电子口岸
实务操作与技巧
——加贸篇

"关务通·电子口岸系列"编委会 ◎ 编著

中国海关出版社

图书在版编目（CIP）数据

电子口岸实务操作与技巧——加贸篇/"关务通·电子口岸系列"编委会编著．—北京：中国海关出版社，2012.9
（"关务通·电子口岸系列"丛书）
ISBN 978-7-80165-908-8

Ⅰ.①电… Ⅱ.①关… Ⅲ.①电子政务－应用－海关管理－口岸管理－中国 Ⅳ.①F752.5－39

中国版本图书馆 CIP 数据核字（2012）第 221855 号

电子口岸实务操作与技巧——加贸篇
DIANZI KOUAN SHIWU CAOZUO YU JIQIAO——JIAMAO PIAN

作　　者：	"关务通·电子口岸系列"编委会
总 策 划：	谭　宁
策划团队：	钟　刘　刘　倩　马　超　冯　楠
责任编辑：	刘　倩
特约编辑：	张晶晶
责任监制：	王岫岩
出版发行：	中国海关出版社
社　　址：	北京市朝阳区东四环南路甲1号　　邮政编码：100023
网　　址：	www.hgcbs.com.cn；www.hgbookvip.com
编辑部：	01065194259（电话）　　01065194234（传真）
发行部：	01065194221/4238/4246（电话）　　01065194233（传真）
社办书店：	01065195616/5127（电话/传真）　　01065194262/63（邮购电话）
	北京市建国门内大街6号海关总署东配楼一层
印　　刷：	北京京都六环印刷厂　　经　销：新华书店
开　　本：	710mm×1000mm　1/16
印　　张：	16.25　　字　数：243千字
版　　次：	2012年11月第1版
印　　次：	2014年4月第4次印刷
书　　号：	ISBN 978-7-80165-908-8
定　　价：	55.00元

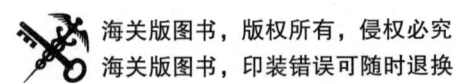

海关版图书，版权所有，侵权必究
海关版图书，印装错误可随时退换

"关务通·电子口岸系列"编委会

主　任　肖逢刚
副主任　刘晓平　韩　坚　康　川　张彦平　白建军
委　员　常世慧　王赞洲　杨文晖　沈　威　王　可
　　　　邢　巍　王明全　郑宇峰　梁　明

"关务通·电子口岸系列"统审组

成　员　（按姓氏笔画排序）
　　　　王　雷　王政远　甘黎妍　龙　玄　李新云
　　　　沈维嘉　张　波　张润秋　周金萍　郭　宏
　　　　胡景利　董　云　傅元良　熊　涛　穆传利

"关务通·电子口岸系列"编写组

成　员　（按姓氏笔画排序）
　　　　于春光　马　艳　王永来　王会君　王玲玲
　　　　毛　杰　冯　强　刘　兴　刘　珊　纪光辉
　　　　吕　斌　任姗姗　朱　彪　朱肖辉　杨　萌
　　　　苏恒通　吴春林　沈丽平　张云芳　张文杰
　　　　张留培　林丰强　欧廷如　金　毅　赵京波
　　　　姜绍真　徐　霖　翁蓓露　高　冰　高　静
　　　　彭　雯　舒盛辉　鲁　威　路镇宇　腾　静
　　　　戴胜敏

前　言

　　电子口岸是经国务院批准，由海关总署会同 14 个部委共同建设的跨部门、跨地区、跨行业的信息平台。它依托国家信息公共网络，将进出口管理流、资金流、货物流集中存放于一个数据库中，实现进出口相关管理部门之间与大通关流程相关的数据共享和联网核查，并向进出口企业提供预录入、报关申报、网上支付、出口退税、信息查询等"一站式"服务的集口岸通关执法管理与相关物流商务服务于一体的大通关统一信息平台。截至"十一五"末，中国电子口岸平台已实现与 13 个国家主要口岸管理部门、15 家商业银行，以及香港工贸署、澳门经济局和欧盟委员会税收与关税联盟总司的联网，开发联网应用项目 23 个，累计入网企业 66.4 万余家，日均处理单证 130 多万笔，基本实现了大通关关键环节的联网核查和网上办事。

　　中国电子口岸数据中心每年会接听 60 余万个热线咨询电话，主要集中在业务咨询、业务操作、异常问题处理等方面。由此可见，企业迫切需要一套电子口岸方面的教材，以指导其开展日常的进出口业务。为了让广大电子口岸用户更全面、更准确地了解电子口岸，中国电子口岸数据中心特组织编写了"关务通·电子口岸系列"丛书，其作为电子口岸唯一指定的正版官方图书，极具实用性和可读性，相信一定会让读者受益匪浅。

　　本书的编写以规范和实用为原则，重点讲解目前在用的加工贸易相关业务系统的操作流程和注意事项。文中贯穿各业务系统的操作流程和操作界面截图，通俗易懂，一目了然，便于企业对照操作。本书共分为八章，分别讲解电子账册、无纸化手册、内销征税、保税仓库、深加工结转、出口加工区、保证金台账、加贸权限管理 8 个与加工贸易相关的业务系统，每一章以系统说明开始，按照企业的业务操作流程，依次包含系统登录、系统操作、填写规范和注意事项。

　　本书作为"关务通·电子口岸系列"丛书中的一本，建议与《电子口岸实用功能》、《电子口岸实务操作与技巧——通关篇》、《电子口岸疑难解惑400例》配套使用，不仅可以帮助企业全面了解电子口岸的情况，准确操作电子口岸相关业务系统，解决实际难题，而且可供电子口岸工作人员及高校相关专业学生参考。

　　相信本书会给读者的工作带来帮助，同时也希望广大读者提出宝贵意见和建议。对于本书中难免的错漏之处，敬请读者批评指正，联系邮箱：guanwutong@mail.customs.gov.cn。

编　者

目 录

第一章　电子账册 ·· 1
第一节　联网监管电子账册介绍 ························· 1
第二节　电子账册实务操作及技巧 ······················· 1
　　一、系统登录 ·· 1
　　二、经营范围备案/变更实务操作及技巧 ··············· 3
　　三、归并关系备案/变更实务操作及技巧 ·············· 11
　　四、电子账册备案/变更实务操作及技巧 ·············· 29
　　五、数据报核实务操作及技巧 ·························· 38
　　六、电子账册报关申报操作实务及技巧 ················ 53
第三节　注意事项 ·· 62

第二章　无纸化手册 ······································· 65
第一节　无纸化手册系统介绍 ··························· 65
第二节　无纸化手册实务操作及技巧 ···················· 65
　　一、系统登录 ·· 65
　　二、备案资料库备案/变更实务操作及技巧 ············ 67
　　三、通关手册备案/变更实务操作及技巧 ·············· 72
　　四、报关申报实务操作及技巧 ·························· 86
　　五、数据报核实务操作及技巧 ·························· 88
第三节　注意事项 ·· 95

第三章　内销征税 ·· 96
第一节　内销征税系统介绍 ······························ 96
第二节　内销征税实务操作及技巧 ······················ 96

— 1 —

  一、系统登录 …………………………………………… 96
  二、内销征税联系单实务操作及技巧 ………………… 98
  三、内销征税报关实务操作及技巧 …………………… 108
 第三节　注意事项 ………………………………………… 113

第四章　保税仓库 …………………………………………… 114
 第一节　保税仓库系统介绍 ……………………………… 114
 第二节　保税仓库实务操作及技巧 ……………………… 115
  一、系统登录 …………………………………………… 115
  二、经营范围备案/变更实务操作及技巧 ……………… 116
  三、电子账册备案/变更实务操作及技巧 ……………… 120
  四、保税仓库报关申报实务操作及技巧 ……………… 126
 第三节　注意事项 ………………………………………… 128

第五章　深加工结转 ………………………………………… 129
 第一节　深加工结转系统介绍 …………………………… 129
 第二节　深加工结转实务操作及技巧 …………………… 129
  一、系统登录 …………………………………………… 129
  二、深加工结转申请表备案实务操作及技巧 ………… 131
  三、收发货单和退货单申报实务操作及技巧 ………… 139
  四、深加工结转退货实务操作及技巧 ………………… 153
  五、外发加工操作实务操作及技巧 …………………… 165
  六、深加工结转报关实务操作及技巧 ………………… 178
 第三节　注意事项 ………………………………………… 179

第六章　出口加工区 ………………………………………… 180
 第一节　出口加工区系统介绍 …………………………… 180
 第二节　出口加工区实务操作及技巧 …………………… 180
  一、系统登录 …………………………………………… 180
  二、出口加工区加工账册实务操作及技巧 …………… 182
 第三节　出口加工区物流账册实务操作及技巧 ………… 191

第四节　注意事项 ·· 194

第七章　保证金台账 ·· 195
第一节　保证金台账系统简介 ································ 195
第二节　保证金台账实务操作及技巧 ·························· 195
　　一、系统登录 ·· 195
　　二、如何查询保证金电子台账信息 ························ 197
　　三、如何打印或导出保证金电子台账信息 ················ 200

第八章　加贸权限管理 ·· 203
第一节　加贸权限管理介绍 ···································· 203
第二节　加贸权限管理实务操作及技巧 ························ 203
　　一、系统登录 ·· 203
　　二、无纸化手册权限管理 ································ 205
　　三、电子账册授权 ······································ 212

附　录 ·· 218
附件一　《中华人民共和国海关进出口货物报关单填制规范》 ··· 218
附件二　中国电子口岸数据中心各分中心客服热线 ············· 243

第一章 电子账册

第一节 联网监管电子账册介绍

联网监管电子账册系统是以海关严密监管、企业高效运作为目标，海关对企业从电子账册备案、货物进出、中期核查、报核核销等实施全程式计算机联网管理，并与相关主管部门（如外贸主管部门）联网的应用系统。

电子账册业务操作共涉及电子账册、报关申报两个系统。在这个系统中，用户凭企业 IC 卡或 IKEY 卡向外贸主管部门和海关进行各项业务的备案和变更，向海关进行报关申报，还可利用"查询"功能，进行数据及回执查询。电子账册系统大大提高了电子账册管理和通关的工作效率，同时加强了海关对企业加工贸易行为的监管力度。

第二节 电子账册实务操作及技巧

一、系统登录

进入 WINDOWS 操作系统，将企业操作员 IC 卡插入连接在电脑上的 IC 卡读卡器中，或将操作员 IKEY 插入电脑的 USB 接口。当 IC 卡和 IKEY 卡同时使用时，IC 卡优先。

从 WINDOWS 桌面上双击海关预录入系统 4.0 版或电子口岸预录入客户端的图标，出现系统登录界面，输入电子口岸卡密码登录如图 1－1 所示。确认电子口岸读卡器及电子口岸卡已正常连接，输入企业的电子口岸操作员卡密码，点击确认。

图1-1

企业点击"电子账册"子系统，进行电子账册业务操作，如图1-2所示。

图1-2

二、经营范围备案/变更实务操作及技巧

(一) 如何备案经营范围

加工贸易企业通过系统向外经贸管理部门和海关进行经营范围的备案,主要包括企业基本信息、料件表和成品表的备案。

在系统界面上方的功能菜单上,点击"经营范围"中的"备案申请",如图 1-3 所示:

图 1-3

经营范围的录入分为基本信息、料件表、成品表三部分。企业首先录入经营范围基本信息,如图 1-4 所示。

录入完毕经营范围表头数据后,点击菜单栏的"暂存"按钮,系统自动进入到料件表的录入页面,企业需录入进口的料件信息。

图 1-4

经营范围表头各字段的填写方法见表 1-1：

表 1-1

字段名称	填写说明
企业内部编号	内部编号中只能使用英文和数字，不能出现特殊字符，海关通过"企业内部编号"+"经营单位代码"确定单证的唯一性，企业应使用有自己特点的编号。
经营单位代码	录入加工贸易经营企业海关 10 位代码。
批文账册号	不可填。海关审核通过后自动生成。
经营单位名称	录入加工贸易经营企业海关 10 位代码后自动调出。
批准证编号	录入商务部门分给账册企业的批准证编号。
加工单位代码	录入加工贸易加工企业海关 10 位代码。
加工单位名称	录入加工贸易加工企业海关 10 位代码后自动调出。
账册类型	系统自动调出。
企业有效期	按海关要求录入有效期，格式为 YYYYMMDD。
录入日期	按回车键后，根据电脑日期自动产生。
申报日期	不可填。企业申报后由系统自动生成。
申报地海关	不可填。

续表

字段名称	填写说明
年加工能力	根据外贸主管部门核准的加工能力批准证内容填写。注意：单位是万美元（例如：1 000万美元，只需要填写1 000）
备注	选填项，填写海关或企业需要说明的其他内容。

输入商品编码，系统默认为四位，按回车键，弹出商品信息选择界面，如图1-5所示：

图1-5

在弹出的窗口中选择需备案的商品，点击"确定"，系统会自动填入商品名称。用户也可自己对商品名称进行修改，录入完毕第一条料件信息数据后，企业可继续录入其他的料件信息。如图1-6所示。

料件信息录入完毕后，企业进入成品表中继续录入。成品表的录入方法同料件表，录入内容为企业相关的成品信息。

经营范围表头数据、料件表、成品表录入完毕后，企业即可向海关申报经营范围数据。企业点击菜单栏中的"生成报文"按钮，系统提示"是否要生成报文"，选择"是"即可完成经营范围数据的申报，如图1-7所示。海关对申报的经营范围数据进行审核，审核通过后经营范围备案建立。

图1-6

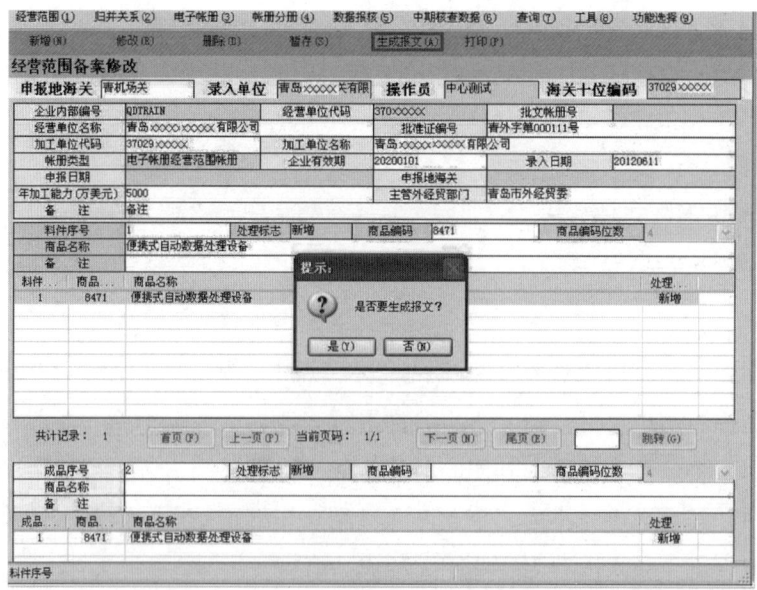

图1-7

数据申报完毕后,企业可点击"查询"——"回执查询",如图1-8所示。

图 1-8

选择业务字段选择"经营范围",输入回执查询天数,如图 1-9 所示:

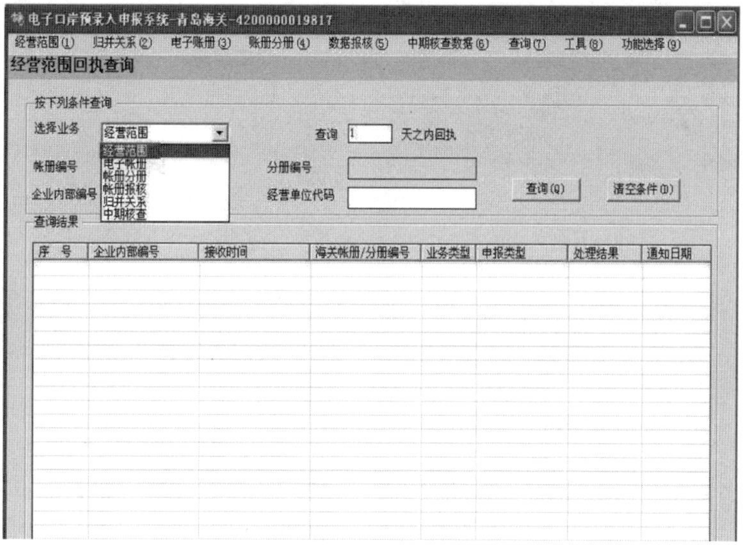

图 1-9

点击"查询"按钮,即可查询到经营范围回执,如图 1-10 所示。

企业选中回执,点击"查看回执",可查看回执内容,如图 1-11 所示。

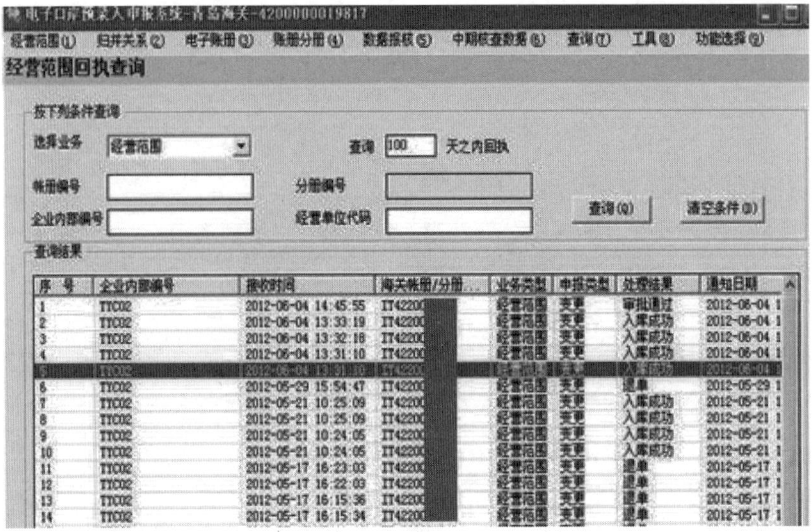

图 1-10

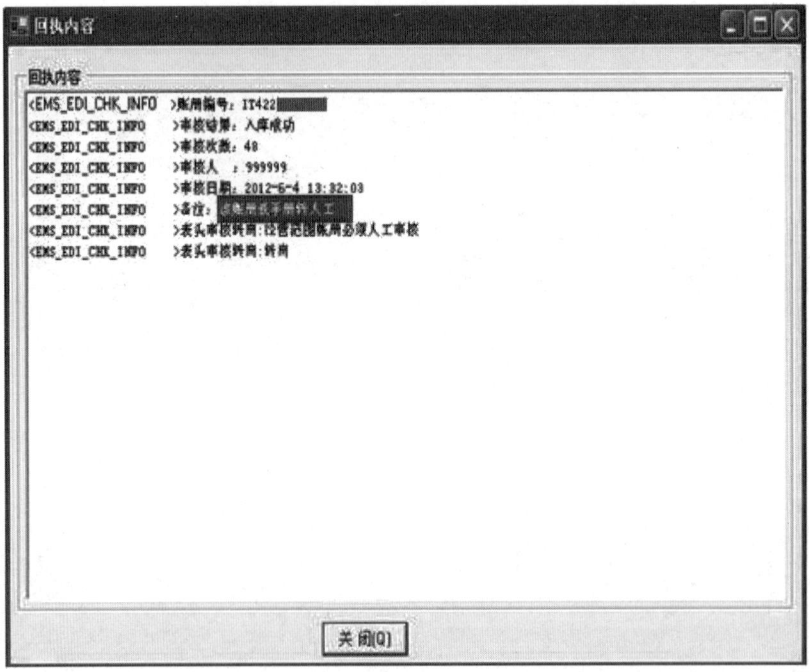

图 1-11

海关审核通过后，企业会收到如下回执，如图 1-12 所示。
海关审核通过后，经营范围账册正式建立。

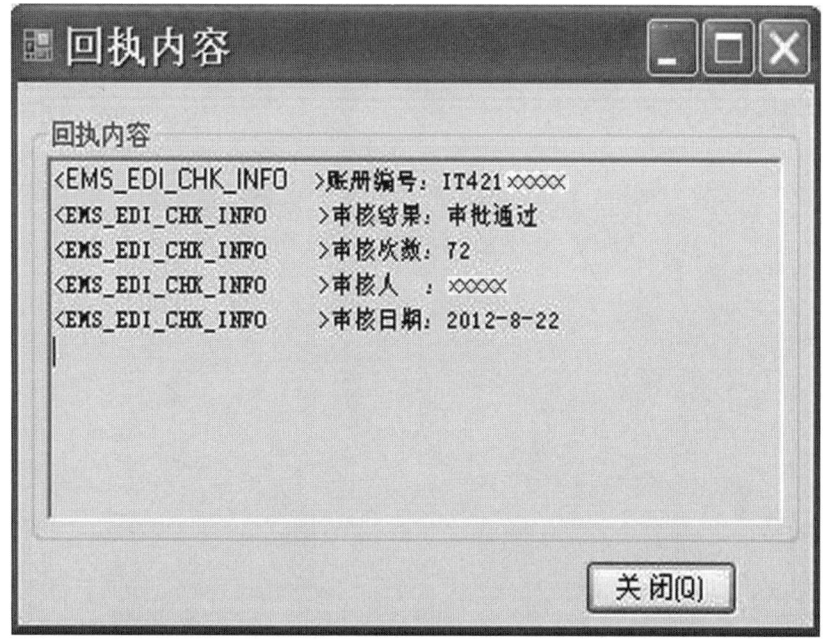

图 1 – 12

(二) 如何变更经营范围

经营范围备案成功后,一般变更频率比较低。企业在使用电子账册期间,只有企业的进口料件或出口成品的前四位商品编码在经营范围中未备案时,才需要变更经营范围。具体操作方法如下:

点击"经营范围"菜单中的"变更申请",如图 1 – 13 所示。

在批文账册号字段录入经营范围的 IT 账册号,按回车键后,系统提示"确认要变更该数据",选择"是",如图 1 – 14 所示。

系统会显示经营范围信息修改界面,如图 1 – 15 所示。

企业录入要新增的料件或成品信息(录入方法同备案),录入完毕,检查数据无误即可申报,申报数据被海关接收到后,联系海关审核,海关审核通过后变更数据生效。

电子口岸实务操作与技巧——加贸篇

图 1-13

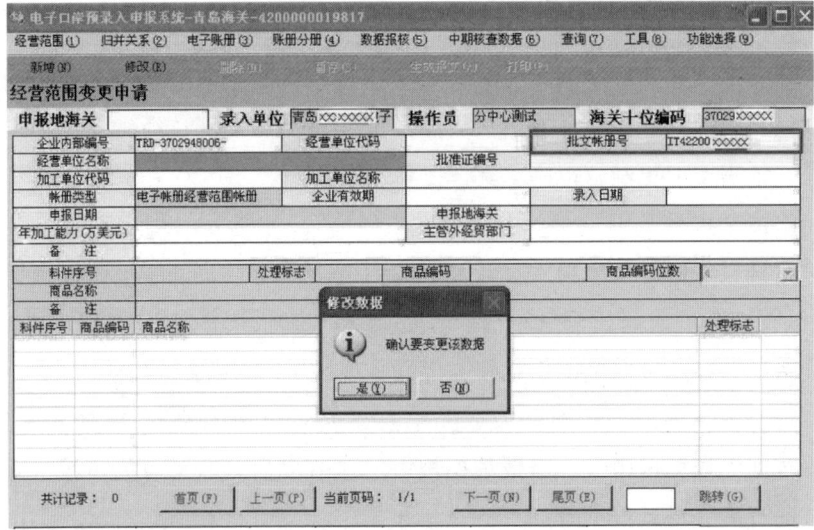

图 1-14

第一章
电子账册

图1-15

三、归并关系备案/变更实务操作及技巧

(一) 归并关系介绍

企业和海关对货物（料件、成品）的管理重点不同。生产企业内部对货物管理的精确程度要求较高，企业必须区分全部不同种类、规格、功能、大小甚至颜色的货物。而海关在进出口管理中，需要对不同货物进行区别管理，以提高管理效率。即对特殊的、敏感的、需重点监管的货物详细管理，而对一般货物，无须逐项区分和计算。所以，企业需按照海关认可的归并原则对货物进行归并，将近似的、非敏感的货物合并为一项向海关申报。

另外，归并关系还具有预归类的作用。即企业对某种货物进行 HS 编码的预归类，然后由海关审核其是否合理。如企业把普通杯子预归类为高档瓷器，则海关可能审核不通过。

料件归并情况举例见表1-2:

表1-2

归并前料件				归并后料件			
货号	料件名称	商品编码	计量单位	序号	料件名称	商品编码	计量单位
screw1	1MM 螺丝	76 161 000	个	1	螺丝	76 161 000	个
screw2	5MM 螺丝	76 161 000	个				
screw3	7MM 螺丝	76 161 000	个				
screw4	8MM 螺丝	76 161 000	个				
screw5	8MM 铝螺丝	76 161 000	个	2	铝螺丝	76 161 000	个

上例中,归并前料件中前4项为一般货物,其商品编码(HS 编码)、计量单位一致,故可归并为一项;而第5项货物属特殊货物,所以尽管其商品编码(HS 编码)、计量单位与前4项货物一致,也不能将其与前4项归并为一项。

(二) 如何备案归并关系

归并关系数据录入分为申请表头、归并后料件、归并前料件、归并后成品、归并前成品、BOM 表六部分。

企业首先对表头数据进行录入,在系统界面上方的功能菜单上,点击"归并关系"中的"备案申请"菜单,进入以下界面,企业对表头数据进行填写,如图1-16所示。

图1-16

表头各字段填写规范见表1-3：

表1-3

字段名称	填写规范
企业内部编号	企业输入"企业内部编号"，在内部编号中只能使用英文和数字，不能出现特殊字符，海关通过"企业内部编号"+"经营单位代码"确定单证的唯一性，企业应使用有自己特点的编号。注：该内部编号不可与企业经营范围的内部编号一致。
经营单位代码	录入加工贸易经营企业海关10位代码。
经营单位名称	录入加工贸易经营企业海关10位代码后自动调出。
账册编号	不可填，账册海关审核后自动反填。
预录入号	不可填。
账册类型	便捷通关账册，系统产生。
监管方式	选填项，根据海关要求填写，一般为空。
加工单位代码	录入加工贸易加工企业海关10位代码。
加工单位名称	录入加工贸易加工企业海关10位代码后自动调出。
批文账册号	填写经营范围审核通过后产生的经营范围IT账册号。
批准证编号	录入主管商务部门分给账册企业的批准证编号。
外商公司	选填项，根据海关要求填写，一般为空。
征免规定	全免。
加工种类	点击空格键选择企业的实际加工种类。
出口总金额	不可填。
进口货物项数	不可填。
进口合同号	选填项，根据海关要求填写，一般为空。
进口总金额	不可填。
出口货物项数	不可填。
出口合同号	选填项，根据海关要求填写，一般为空。
协议号	选填项，根据海关要求填写，一般为空。
保税方式	选填项，根据海关要求填写，一般为空。

续表

字段名称	填写规范
录入员	选填项，填写录入人员名称。
录入日期	按回车键后，根据计算机时间自动生成。
申报日期	不可填，企业申报后系统自动生成。
结束有效期	根据海关要求填写，账册在该有效期前可正常使用。
仓库体积	选填项，根据海关要求填写。
仓库面积	选填项，根据海关要求填写。
生产能力	根据商务部门核准的加工能力批准证内容填写。注意：单位是万美元（例如：1 000万美元，只需要填写1 000）
最大周转金额	不能超过生产能力的一半。
成本率	选填项，根据海关要求填写，一般为空。
损耗率模式	选填项，根据海关要求填写，一般为空。
BOM归并	空格键选择。分为"是"和"否"。
备注	选填项，填写海关或企业需要说明的其他内容。
进出口岸	根据企业报关情况填写，可为空。不填默认在全国各口岸均可报关。

表头数据录入完毕后，企业点击"暂存"，进入到归并前料件录入界面。

企业首先录入商品货号（企业可自行编写商品货号，或根据企业ERP系统中货物信息编写，一般由英文字母、数字组成），然后输入商品编码，调出商品列表，选择企业需要录入的商品，点击"确定"按钮，如图1-17所示。

根据海关要求的商品申报要素，填写该商品的商品要素，如图1-18所示。

录入申报要素后点"确定"按钮，中文规格型号自动返填，如图1-19所示。

归并前料件各字段的填写规范见表1-4。

第一章
电子账册

图 1-17

图 1-18

图 1-19

表 1-4

字段名称	填写规范
货号	企业可自行编写货号,或根据企业 ERP 系统中货物信息编写,一般由英文字母、数字组成。
归并后序号	按回车键后,系统自动生成。
处理标志	系统自动生成,增加商品时为"新增",修改商品时为"修改"。
商品编码	录入 10 位 HS 编码。
中文品名	录入商品的品名。
分类标志	根据实际情况填写,分为"非主料"和"主料"。
中文规格型号	录入商品申报要素后自动生成。
英文品名	选填项,商品的英文品名。
英文规格型号	选填项,商品的英文规格型号。
企业自编计量单位	选填项,一般不填写。
计量单位	必填项,填写商品计量单位。
法定单位	不可填,录入商品编码自动调出。
第二单位	不可填,录入商品编码自动调出。(某些商品没有第二单位)
产终地	选填项,根据海关要求填写,一般为空。
申报单价	选填项,根据海关要求填写,一般为空。

续表

字段名称	填写规范
币制	填写商品进出口币制。
申报单价人民币	选填项，根据海关要求填写，一般为空。
申报数量	选填项，根据海关要求填写，一般为空。
最大余量	选填项，根据海关要求填写，一般为空。
初始数量	选填项，根据海关要求填写，一般为空。
企业自编单位比例	选填项，根据海关要求填写，一般为空。
法定单位比例	根据计量单位和法定单位之间的换算关系填写。
第二单位比例	选填项，根据海关要求填写，一般为空。
重量比例因子	选填项，根据海关要求填写，一般为空。
征免方式	一般为全免。
备注	选填项，根据海关要求填写，一般为空。
归类说明	选填项，根据海关要求填写，一般为空。

企业录入完毕第一项商品后，继续录入其余料件信息。归并前料件信息录入完毕后，企业可点击工具中的"归并管理"选项，进入如下页面，如图1-20所示：

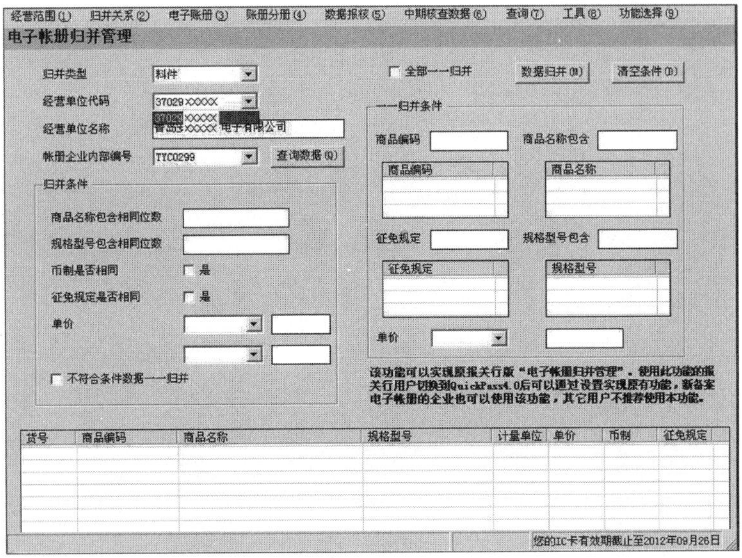

图1-20

企业在归并类型中，选择"料件"，如图1-21所示：

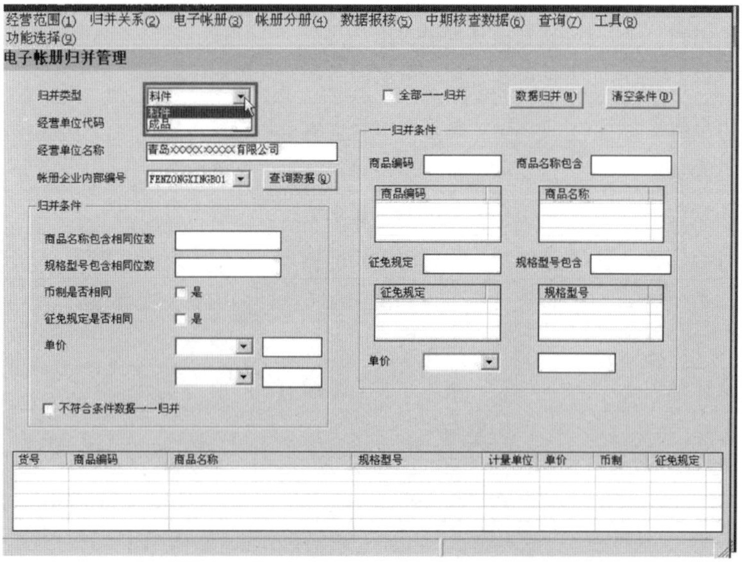

图1-21

企业通过经营单位代码、账册企业内部编号选项，确定企业归并关系，点击"查询数据"，如图1-22所示：

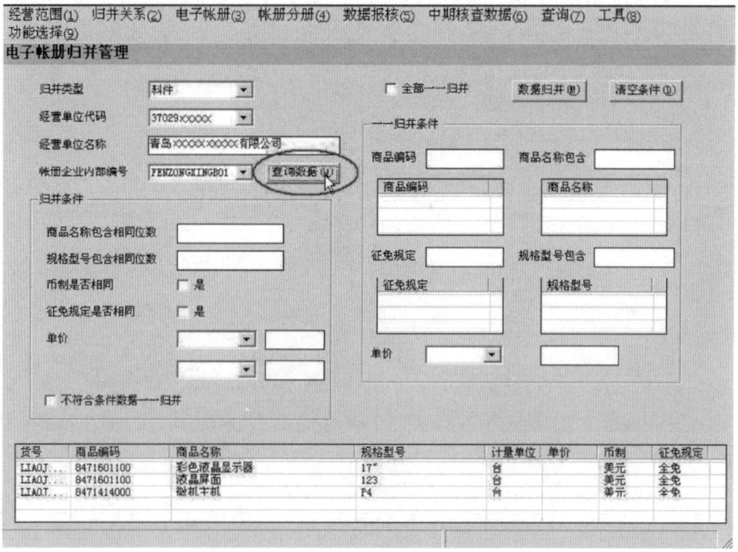

图1-22

在下方商品栏中，会调出企业该份归并关系中的所有归并前料件，然后选择"不符合条件数据——归并"，如图1-23所示：

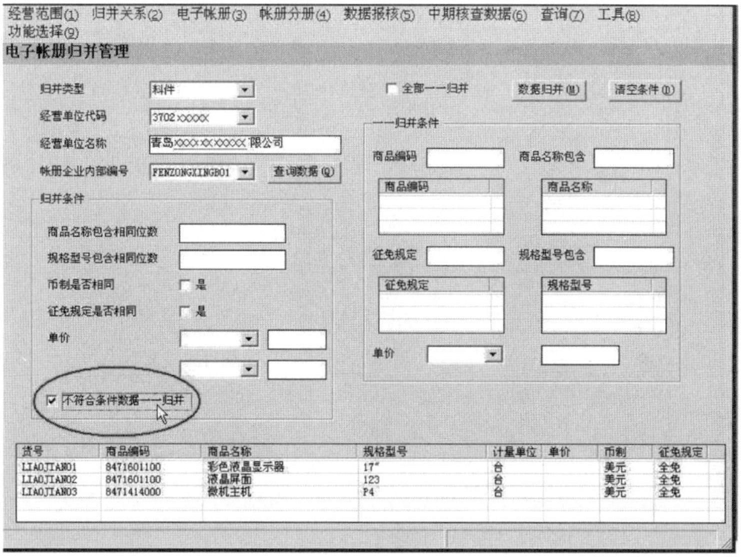

图1-23

企业设置归并条件，点击"数据归并"，如图1-24所示：

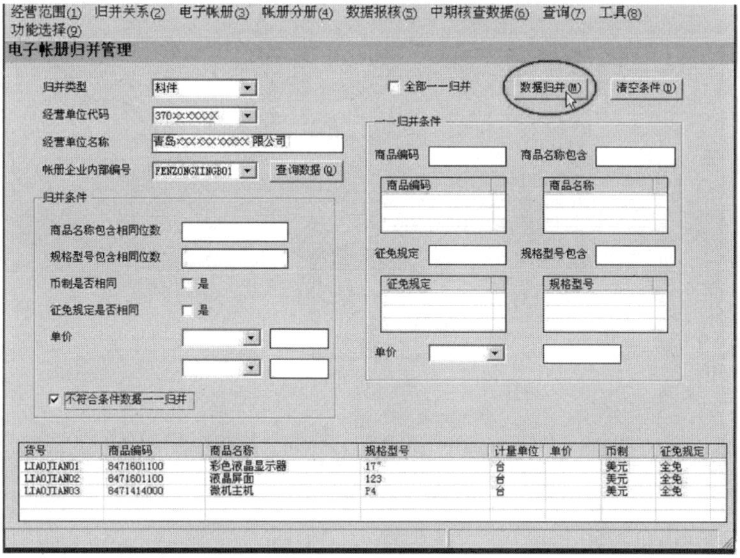

图1-24

系统会根据企业设定的归并条件进行归并,并显示归并结果,如图 1-25 所示:

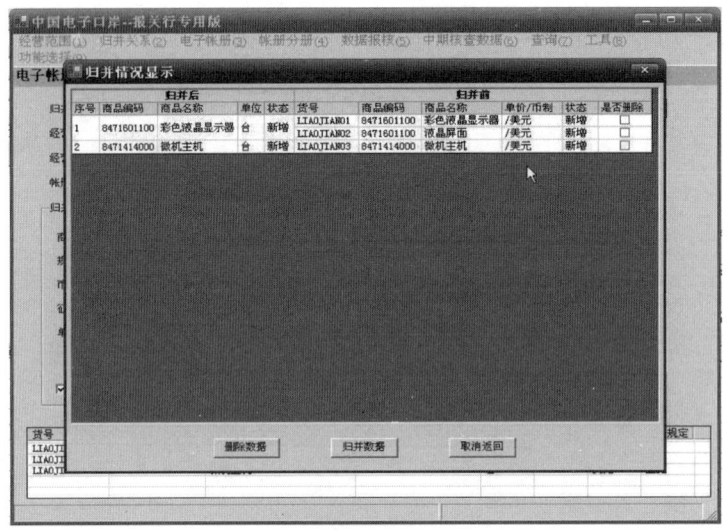

图 1-25

检查无误后,点击"归并数据",弹出"归并数据成功"窗口,如图 1-26 所示:

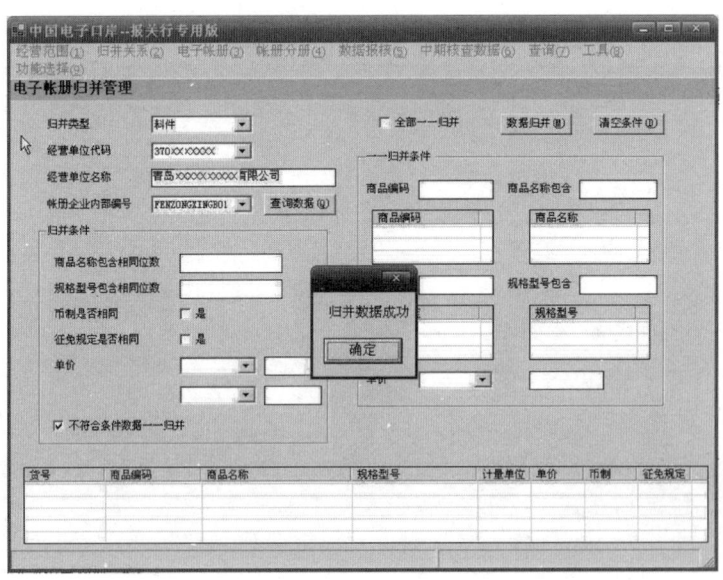

图 1-26

第一章 电子账册

数据归并成功后,企业点击查询中的"数据查询",如图1-27所示:

图1-27

在业务类型中,选择归并关系,通过查询条件,查到该份归并关系数据,如图1-28所示:

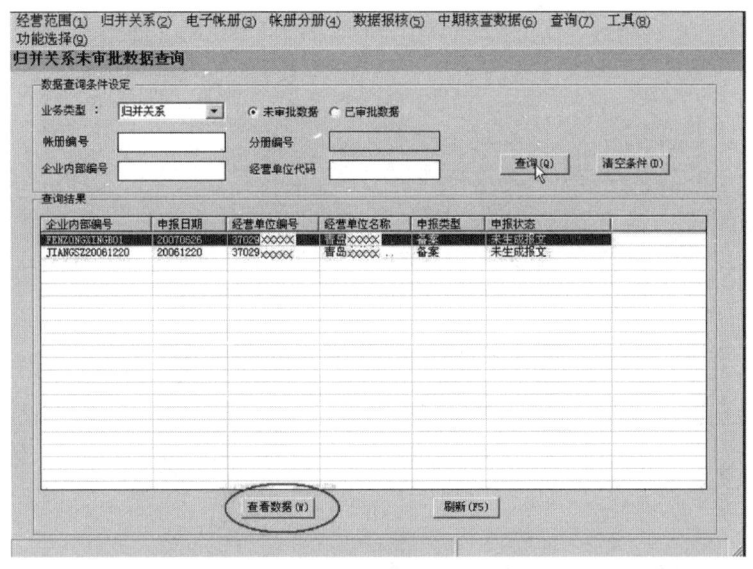

图1-28

在查询到的归并关系中,选择"归并后料件"栏,企业归并后料件会根据刚才进行的归并管理,将数据自动填上,如图1-29所示:

图 1-29

企业录入完毕料件信息后,点击"归并前成品",按照同样的方法录入成品信息。

成品信息录入完毕后,继续录入BOM表信息,首先录入成品(归并前成品)货号,按回车键,系统自动调出该项归并前成品信息,如图1-30所示:

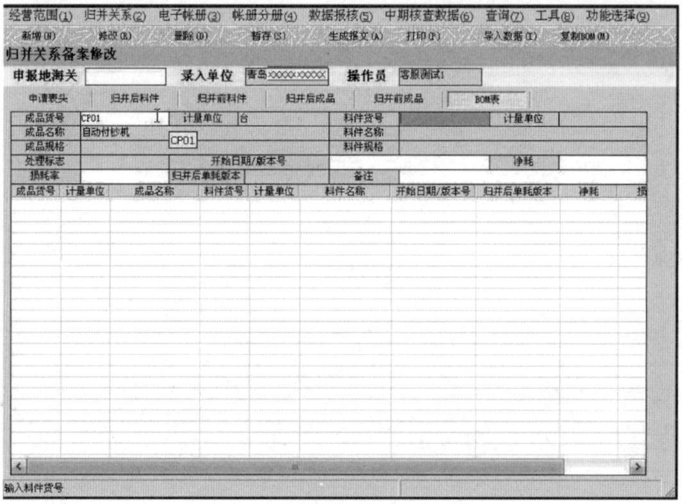

图 1-30

然后录入料件（归并前料件）货号，按回车键，系统自动调出该项归并前料件信息，如图1–31所示：

图1–31

录入开始日期/版本号，按回车键，如图1–32所示：

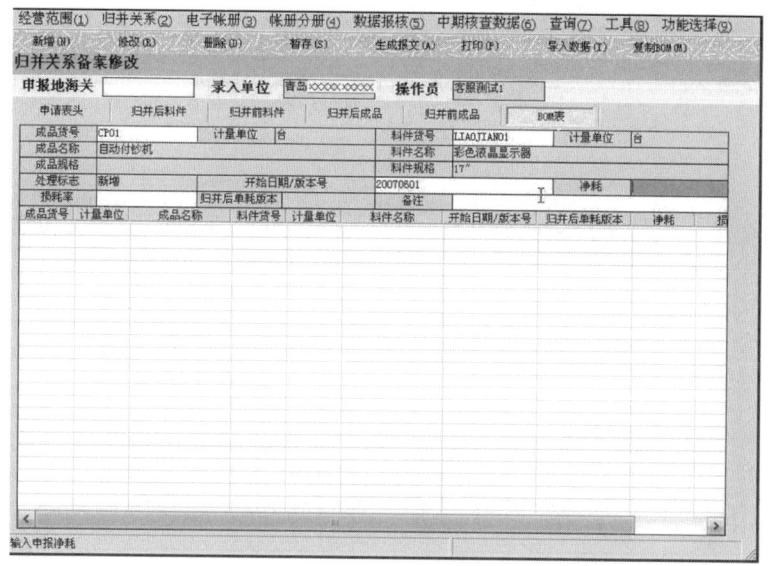

图1–32

依次输入净耗、损耗率、备注,按回车键或暂存,将该项 BOM 数据存在下面项目栏,如图 1-33 所示:

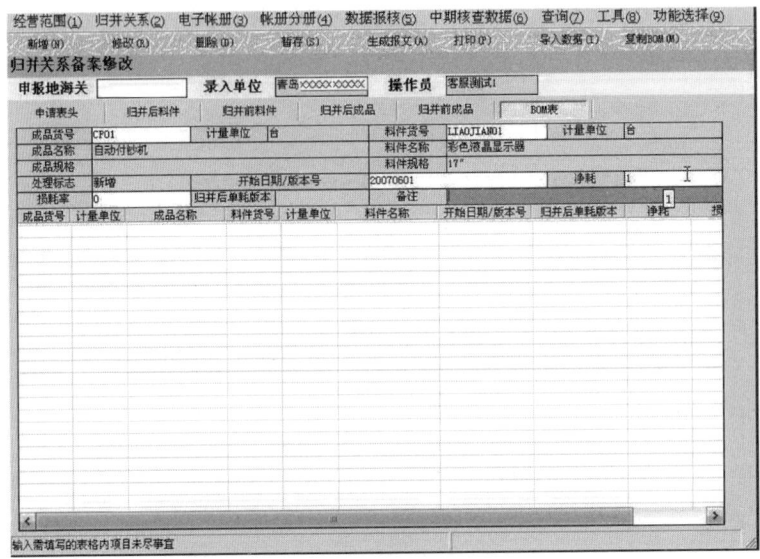

图 1-33

同样步骤,将所有的 BOM 数据都依次录入,如图 1-34 所示:

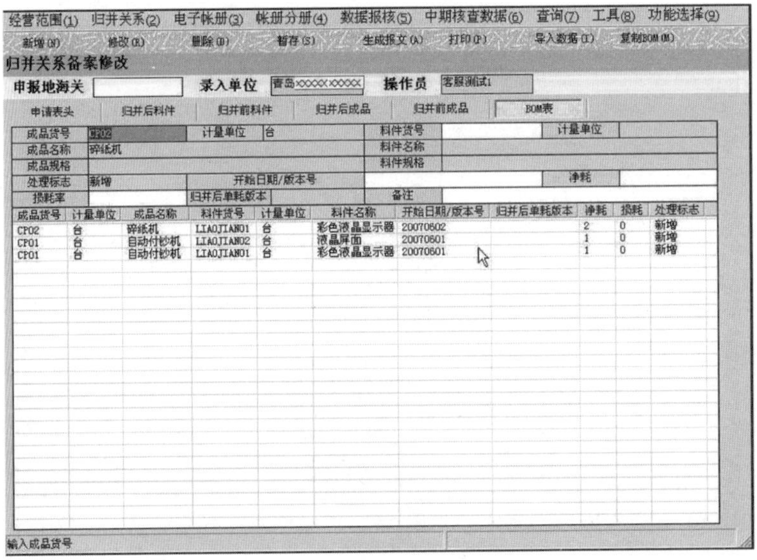

图 1-34

至此归并关系数据录入完毕。企业检查数据无误后,点击"生成报文",如图1-35所示:

图1-35

在提示框中,点击"是",如图1-36所示:

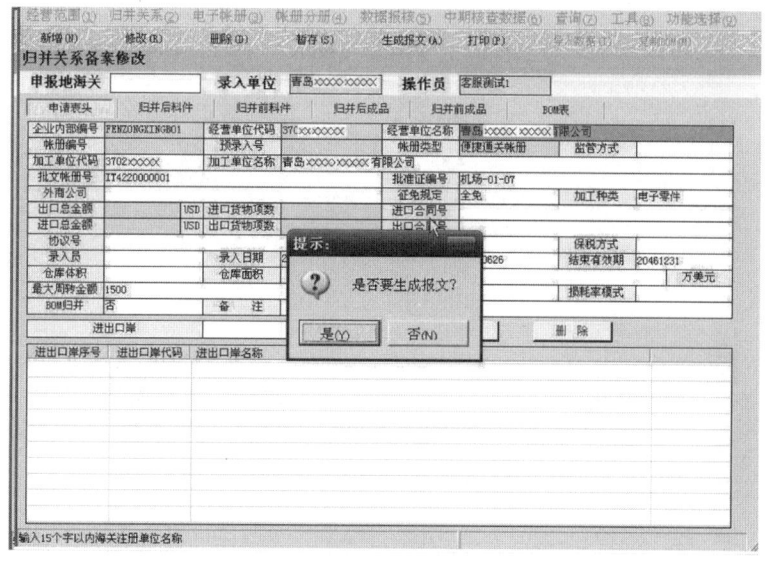

图1-36

系统提示"数据生成报文成功",归并关系备案申请流程完成。如图1-37所示:

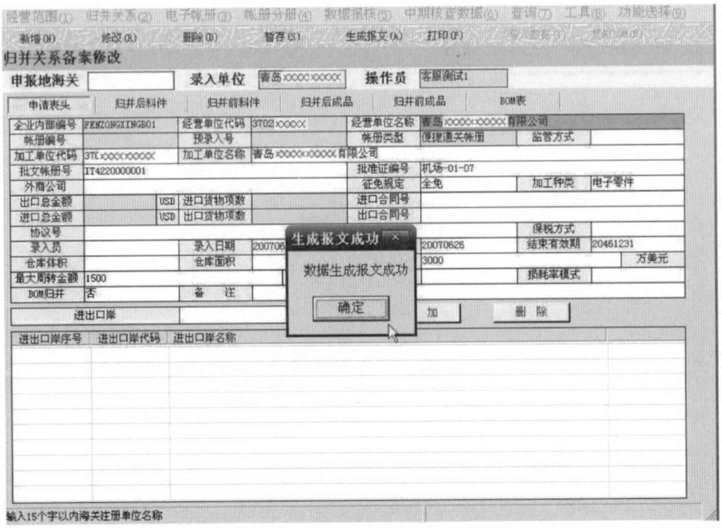

图 1-37

数据申报完成后,企业可点击"查询"中的"归并关系回执查询",选择"归并关系"业务,录入查询回执天数后点击"查询",出现回执页面,如图1-38所示:

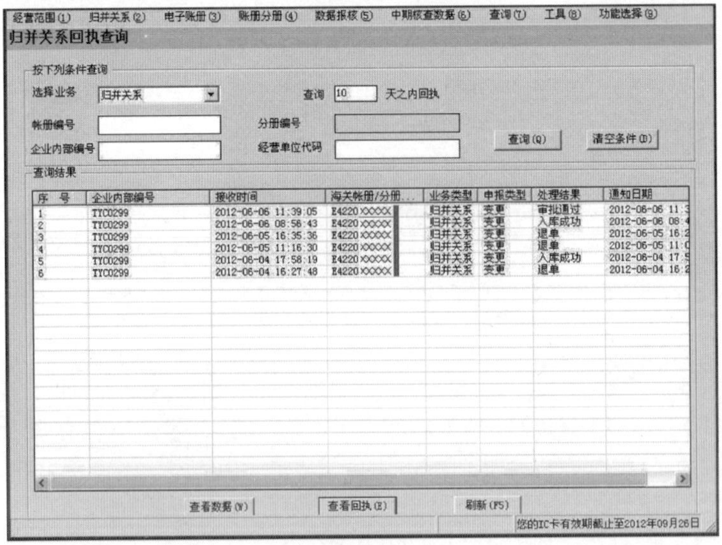

图 1-38

选中回执信息，点击查看回执按钮，如图1-39所示：

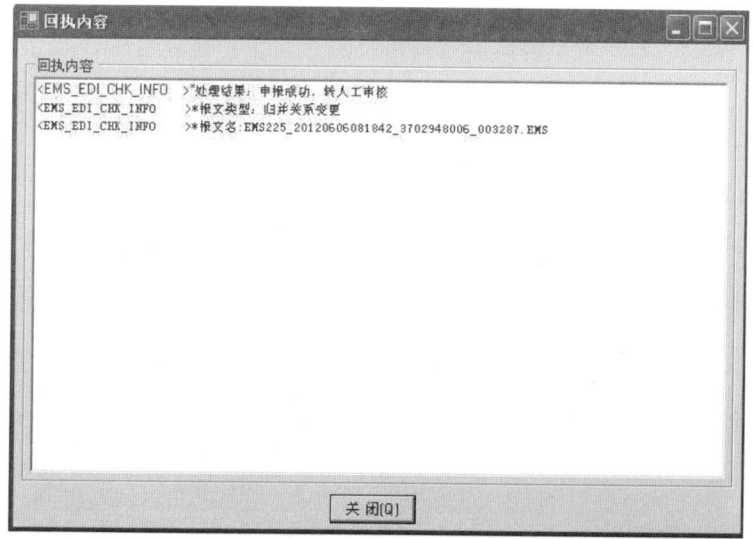

图1-39

归并关系数据申报后，一般只有一个入库成功的回执，当回执中出现"申报成功，转人工审核"的信息提示时（正常情况下，一般半小时左右企业可收到入库回执），如图1-39所示，企业可联系海关审核归并关系。

海关审核通过后，企业会收到审核通过的回执，如图1-40所示：

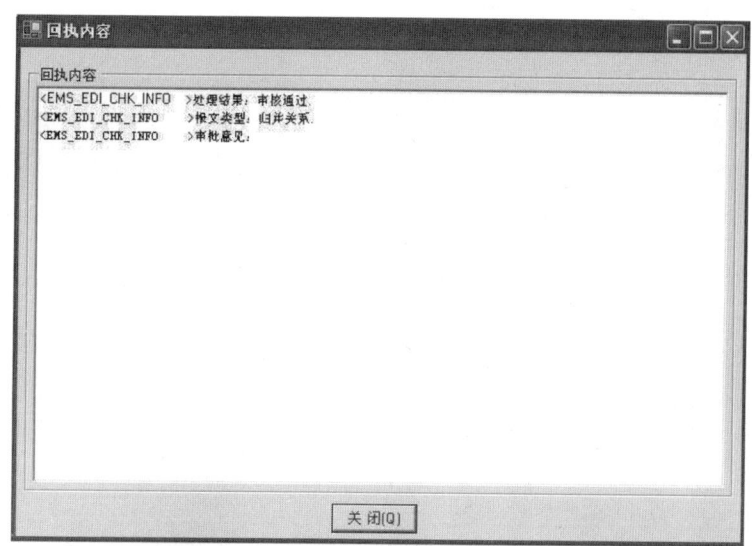

图1-40

（三）如何变更归并关系

若企业在归并关系备案被海关审批通过后，由于业务原因需增加或变更其归并关系数据，则必须进行归并关系的变更申请。变更分为修改和新增两种操作。具体变更方法如下：

点击"归并关系"——"变更申请"，如图1-41所示：

图1-41

在账册编号字段录入账册号，按回车键后进入信息变更录入界面，如图1-42所示：

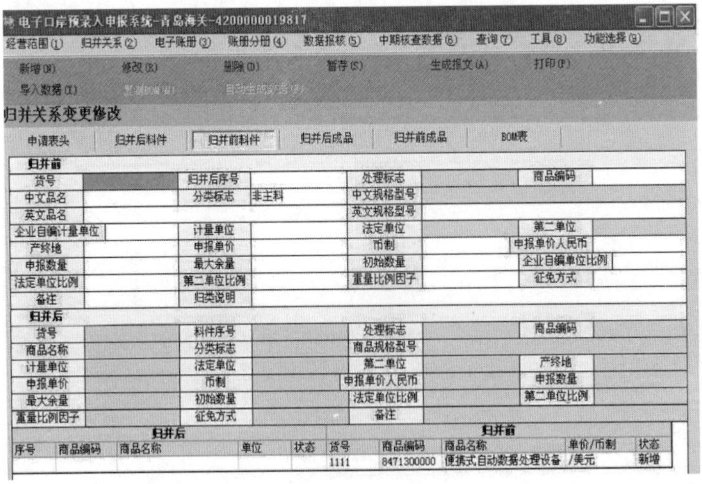

图1-42

企业新增料件/成品，录入方法同归并关系备案。

企业修改料件/成品，录入之前的货号即可调出已备案的数据，修改数据保存即可。

变更数据录入完毕，检查无误即可向海关申报，海关接收到数据后，企业联系海关审核，审核通过后变更数据生效。

四、电子账册备案/变更实务操作及技巧

（一）如何备案电子账册

电子账册是指企业将进出口料件、成品信息向海关申报，海关审核后在海关系统中产生的电子底账数据。

电子账册数据分为表头、料件表、成品表、单损耗表四部分。电子账册的录入方法分为手工录入和拷贝数据两种方式。下面分别就这两种录入方式进行介绍。

1. 手工录入电子账册

企业点击电子账册菜单中的"备案申请"，如图1-43所示：

图1-43

企业首先录入电子账册的表头数据，企业需要注意，电子账册的表头数据与归并关系的表头数据必须一致，如图1-44所示。

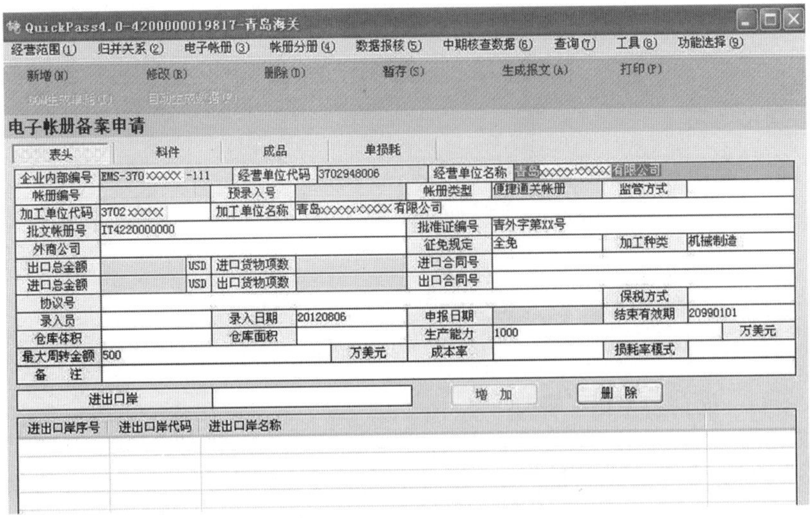

图 1-44

表头数据录入完毕后，继续录入料件信息。电子账册料件表信息必须与归并关系归并后料件信息保持一致，如图 1-45 所示：

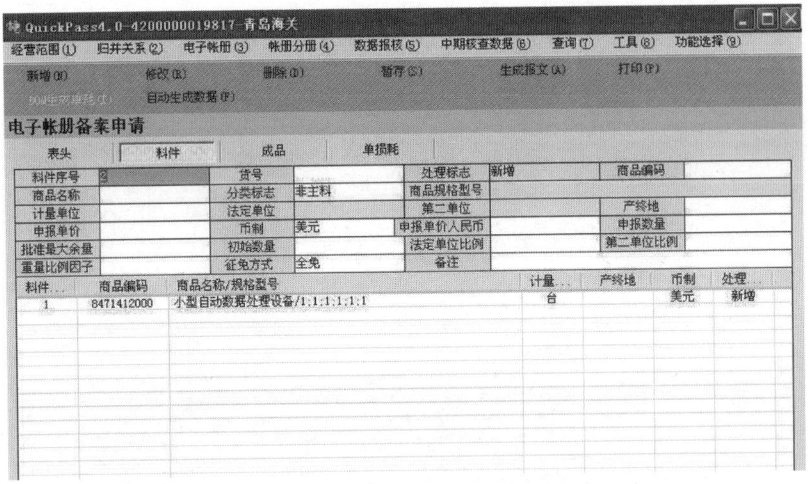

图 1-45

料件表录入完毕后，继续录入成品信息，电子账册成品表信息必须与归并关系归并后成品信息保持一致。

成品表信息录入完毕后，企业可使用"BOM 生成单损耗"功能生成单损耗数据，如图 1-46 所示。

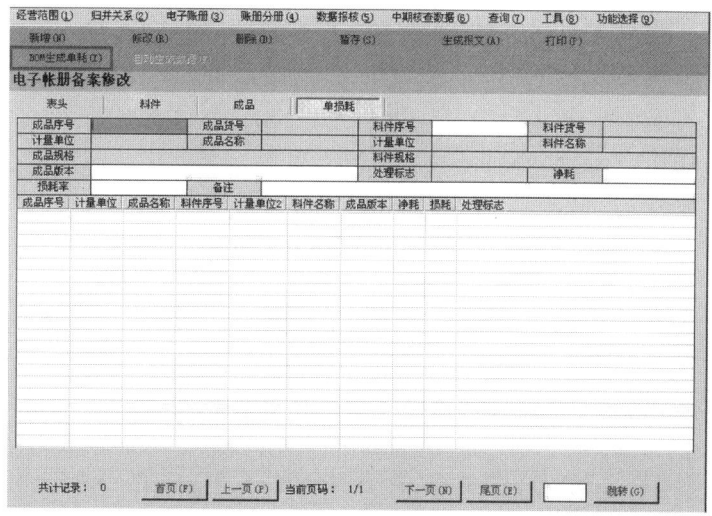

图 1-46

2. 拷贝方式生成电子账册

为方便企业操作，简化企业录入，系统设置了"拷贝归并后数据到电子账册"功能。企业需在备案归并关系之前，点击"工具"——"系统设置"，进入以下界面。

企业选择"拷贝归并后数据到电子账册"，保存设置即可。如图1-47所示：

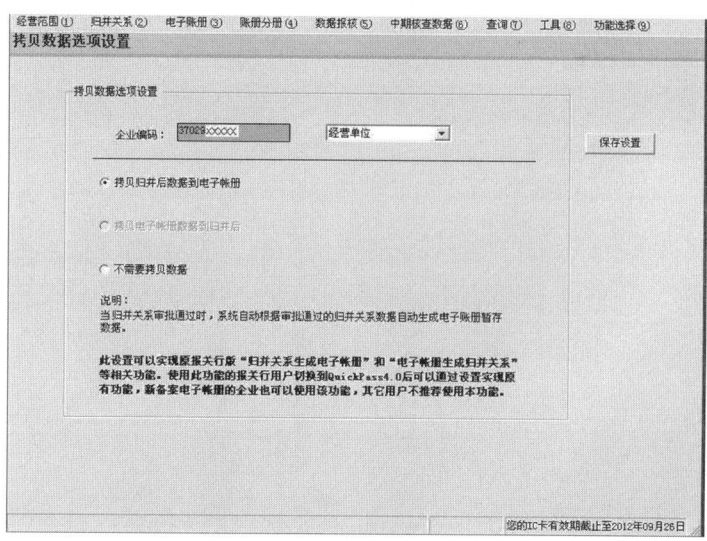

图 1-47

当企业归并关系数据海关审批通过后，企业进入"查询"——"数据查询"界面，在业务类型中选择"电子账册"，如图1-48所示：

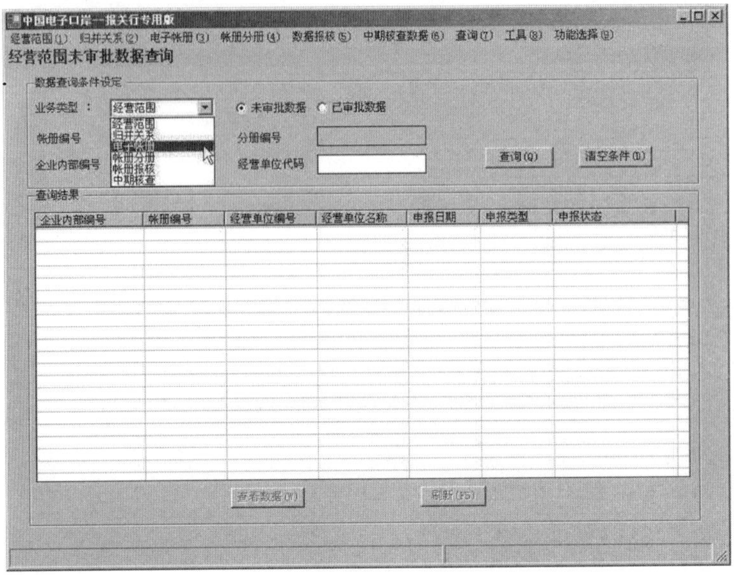

图1-48

选择未审批数据，可查询到一条与企业归并关系内部编号相同的电子账册备案数据，如图1-49所示：

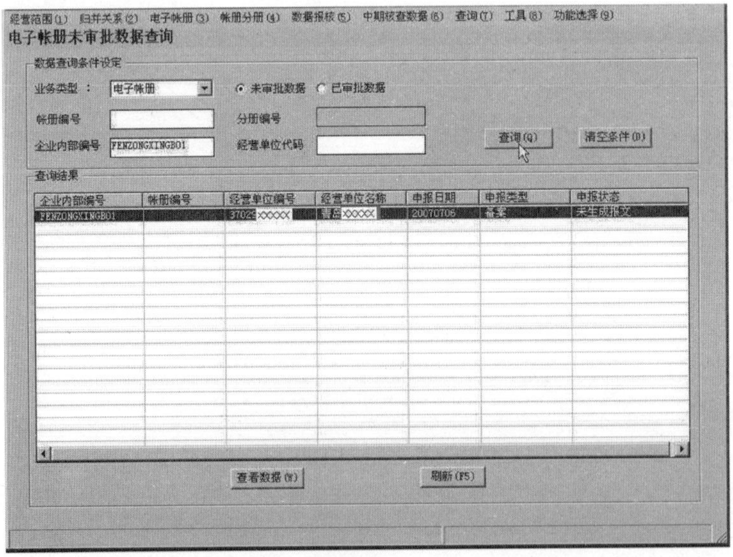

图1-49

选中此电子账册数据，点击"查看数据"，如图 1-50 所示：

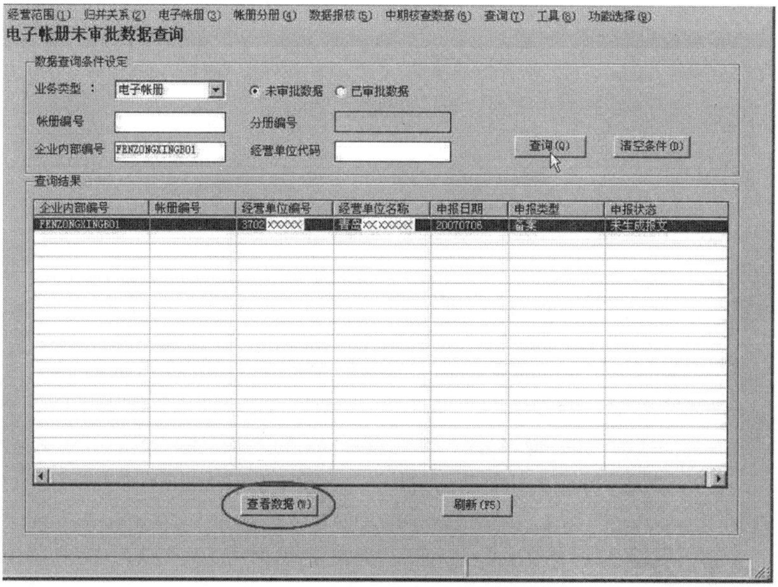

图 1-50

在电子账册查询数据界面，点击"修改"，如图 1-51 所示：

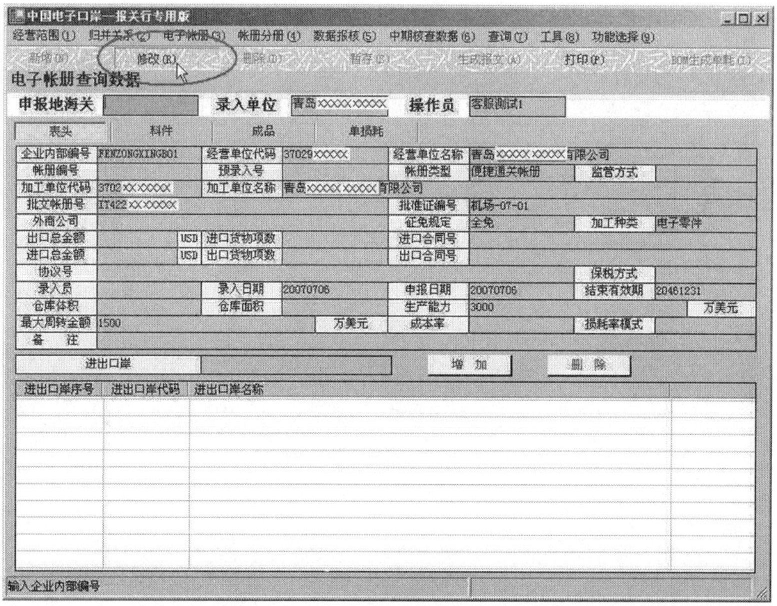

图 1-51

点击修改后企业可查看到电子账册数据,且电子账册表头与归并关系表头数据一致、料件表数据与归并关系归并后料件数据一致、成品表数据与归并关系归并后成品一致。如图1-52所示:

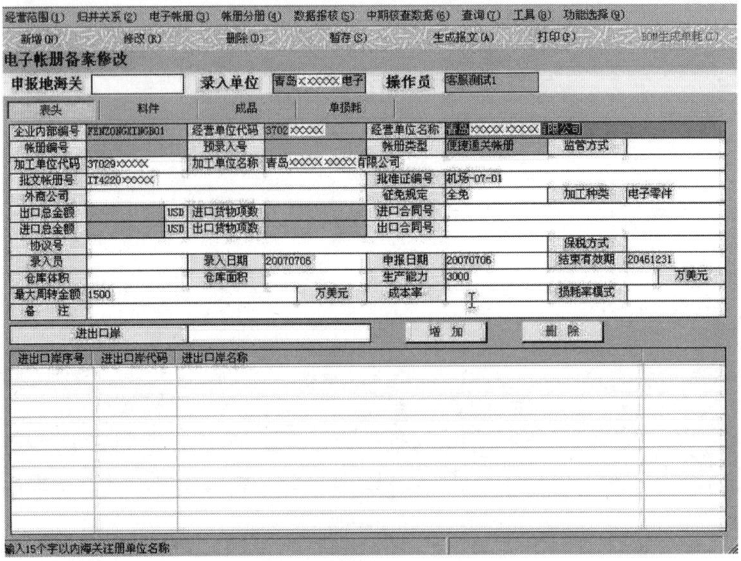

图1-52

点击"单损耗"进入如下页面,如图1-53所示:

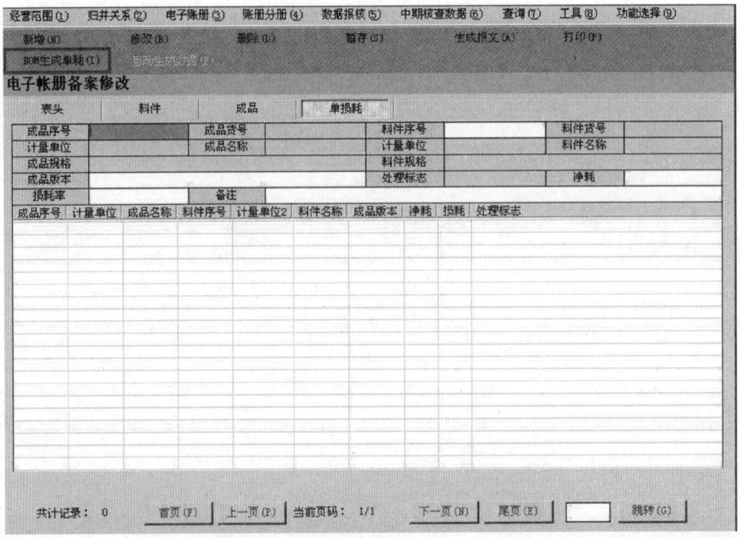

图1-53

企业点击"BOM生成单损耗",即可生成单损耗数据。企业核对数据无误后,即可点击"生成报文"按钮,完成电子账册的申报。

数据申报完成后,企业可进入到"查询"——"回执查询"中,查询电子账册回执,如图1-54所示:

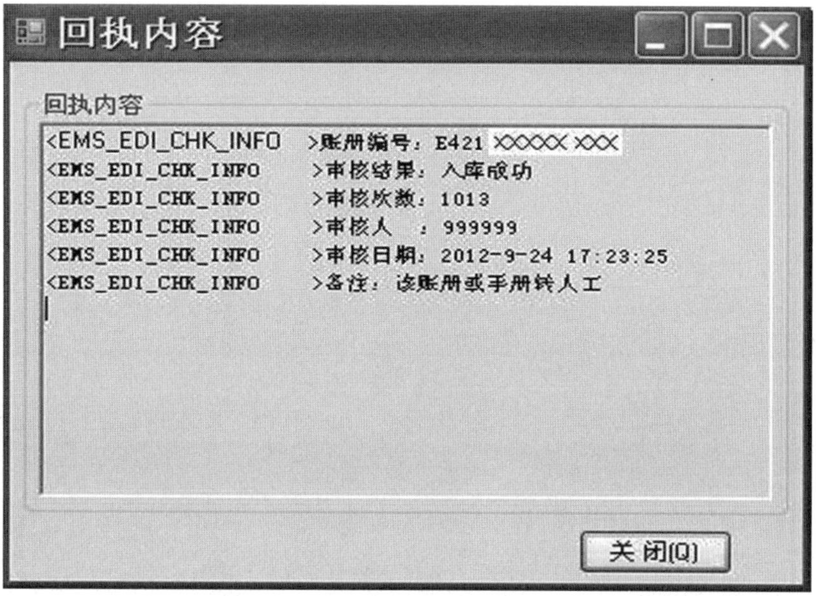

图1-54

当回执中出现"该账册或手册转人工"的信息提示时(如图1-54所示),说明电子账册数据已经被海关人工岗位接收,企业可联系海关审核,审核通过后企业可收到审核通过的回执,如图1-55所示。

至此,企业的加工贸易联网监管电子账册正式建立,系统产生一个E+关区代码+1位年份+流水号的12位电子账册号,该账册号即为企业后期报关使用的账册号。

(三)如何变更电子账册

归并关系归并后的数据与电子账册数据是一致的。故企业在变更电子账册之前要先变更归并关系(变更方法见归并关系变更操作),归并关系变更海关审核通过后,企业点击"数据查询",如图1-56所示。

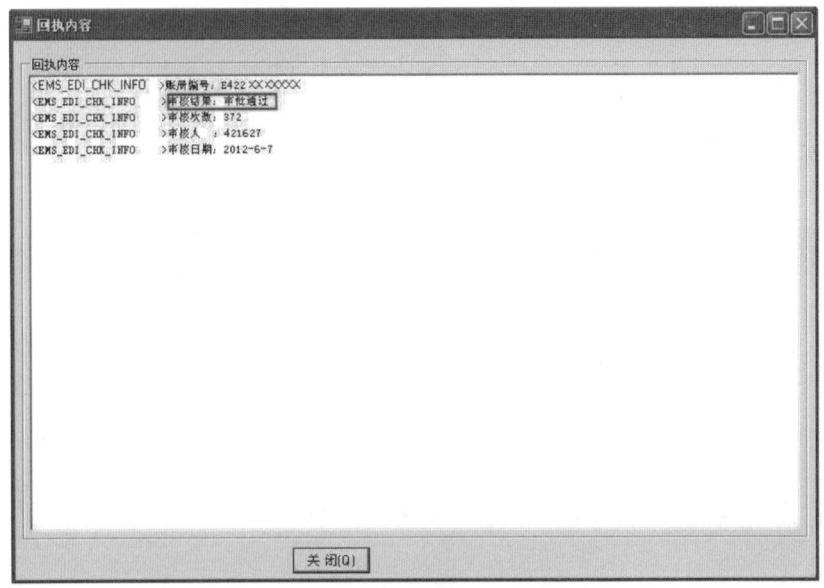

图1-55

图1-56

选择"电子账册"——"未审批数据",开始查询,会查到一条"未生成报文"的记录,如图1-57所示。

双击该记录,进入以下界面,点击"修改",系统提示"确认修改该数据",选择"是",如图1-58所示。

图 1-57

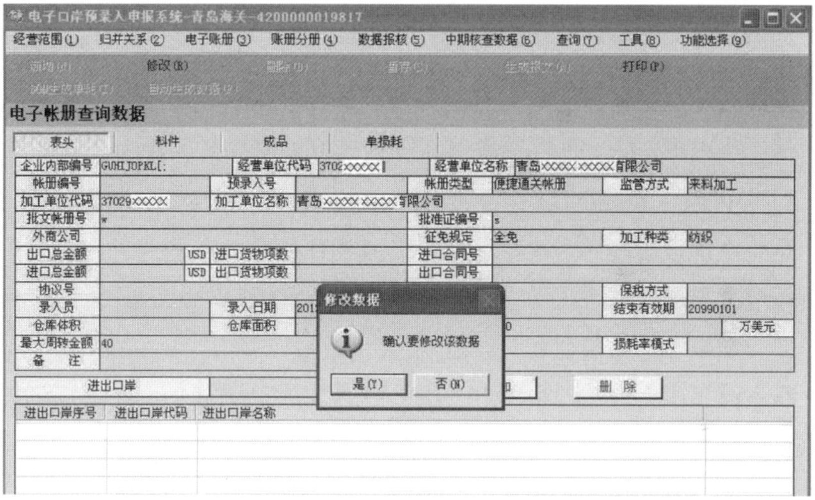

图 1-58

由于系统已经设置"拷贝归并后数据到电子账册",且企业之前已经修改过归并关系数据,故归并关系中变更的数据已自动拷贝至电子账册,企业只需用"BOM 生成单损耗"功能生成单损耗数据,检查数据无误后生成报文即可。申报完成,数据成功进入海关库后,企业联系海关审核,海关审核通过后数据生效。

五、数据报核实务操作及技巧

(一) 电子账册数据报核

企业发生了料件或成品的进出口行为后,须在海关规定的核销期限内向海关申报料件或成品的进出口及消耗、损耗情况,海关以此进行核销。

电子账册核销是企业按规定通过电子口岸向海关办理电子账册的报核,海关调用电子底账数据与企业报核电子数据进行比对、核销的管理模式。由于电子账册是以企业为管理单元,因此对电子账册的核销采取滚动核销的模式,即按时间段对账册进行核销。

企业报核共有分批报送、预报核和正式报核三个流程。

(二) 数据报核实务操作及技巧

企业在一次报核区间内,先进行预报核,预报核审批通过后再进行正式报核,也可根据企业实际需要,在预报核前可进行多次分批报送。

1. 如何操作分批报送

企业在预报核之前多次发送该核销截至日期前已审结的进出口报关单到海关电子账册核销系统的功能。称为报关单的"分批报送",内容包括报送表头和报送报关单列表。

在系统界面上方功能菜单上,点击数据报核,弹出一个下拉菜单(分批报送和报核申请),点击"分批报送",如图1-59所示。

在表头中输入账册编号,按回车键,可调出该账册的表头信息,如图1-60所示。

分别录入报核开始日期与报核截至日期,如图1-61所示。

按回车键,系统自动调出录入日期与报核申请日期,如图1-62所示。

在备注栏按回车键,系统会弹出数据保存成功界面,如图1-63所示。

点击确定自动跳到报关单录入界面,如图1-64所示。

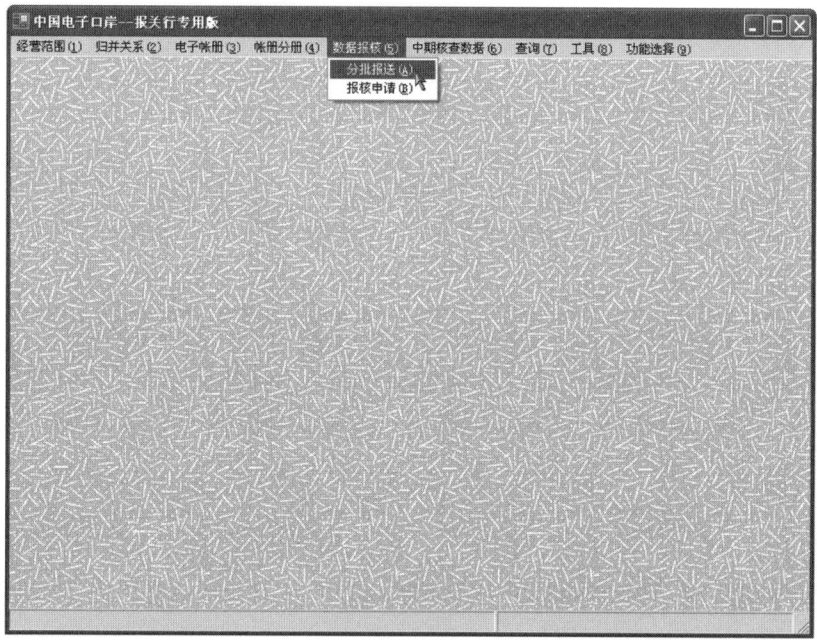

图 1-59

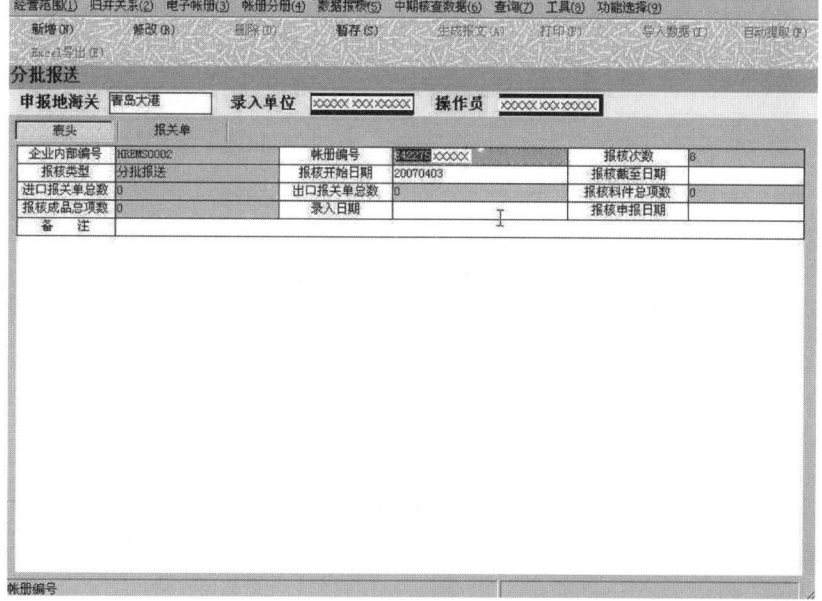

图 1-60

图 1-61

图 1-62

图 1-63

图 1-64

录入报关单号，按回车键，系统会自动调出申报地海关、进出口标志，如图 1-65 所示。

录入申报日期、进出日期，按回车键，该份报关单会自动保存到下方列表栏，如图 1-66 所示。

企业按此操作录入该核销期内的所有报关单，检查无误后，点击"生成报文"，如图 1-67 所示。

企业该次分批报送完成。

2. 如何操作预报核

一个核销周期结束以后，企业向海关发起核销核算的申请，其核心内容是核销期内即将参加核销核算的所有报关单的编号，其主要功能是确定此次报核的报关单范围。

图 1-65

图 1-66

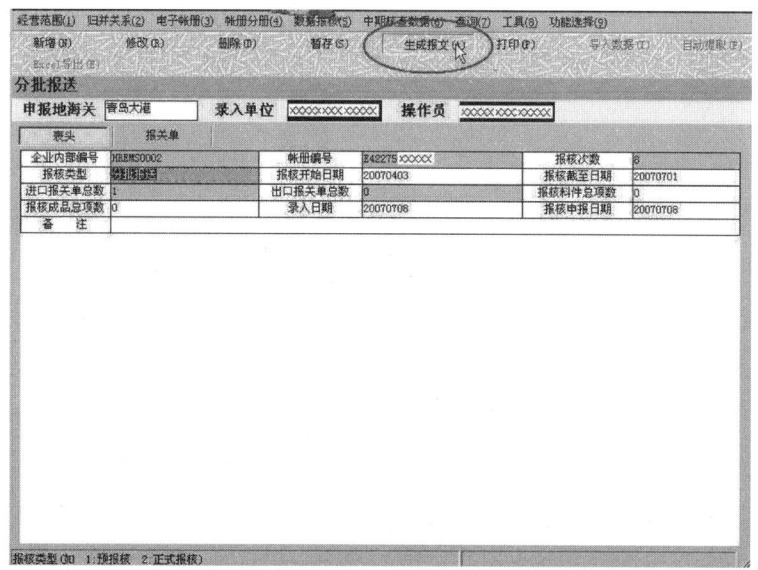

图 1-67

在系统界面上方功能菜单上,点击数据报核,弹出一个下拉菜单(分批报送和报核申请),点击"报核申请",进入报核申请界面,如图 1-68 所示:

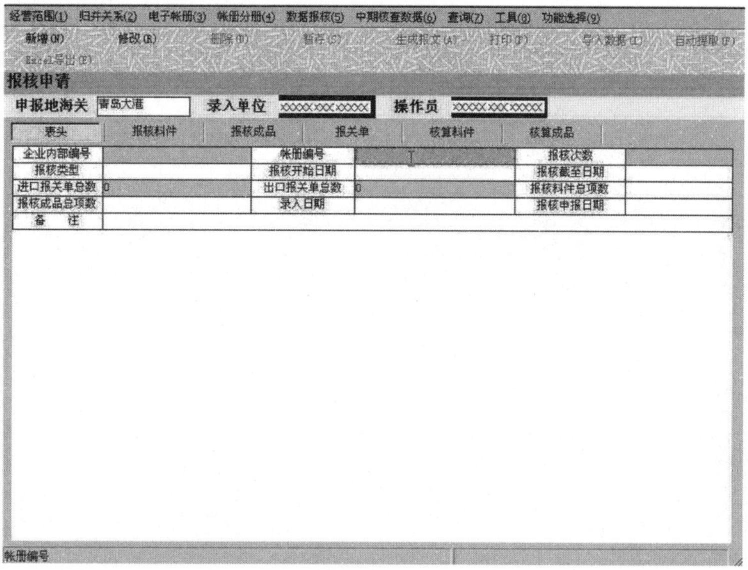

图 1-68

输入账册编号后按回车键,如图1-69所示:

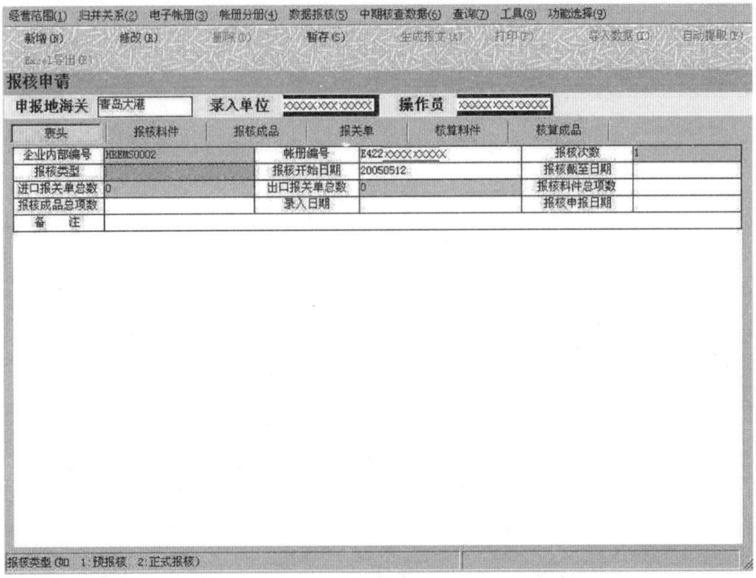

图1-69

在报核类型中,选择"预报核",如图1-70所示:

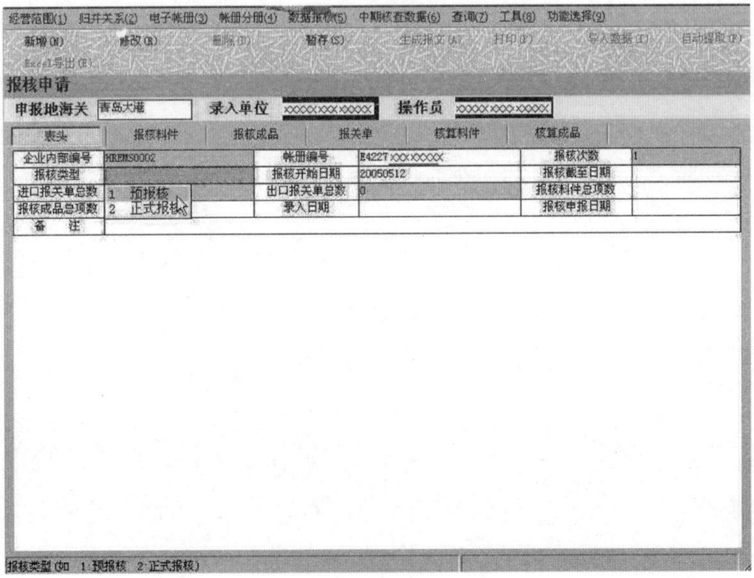

图1-70

输入报核开始日期、报核截至日期,如图 1-71 所示:

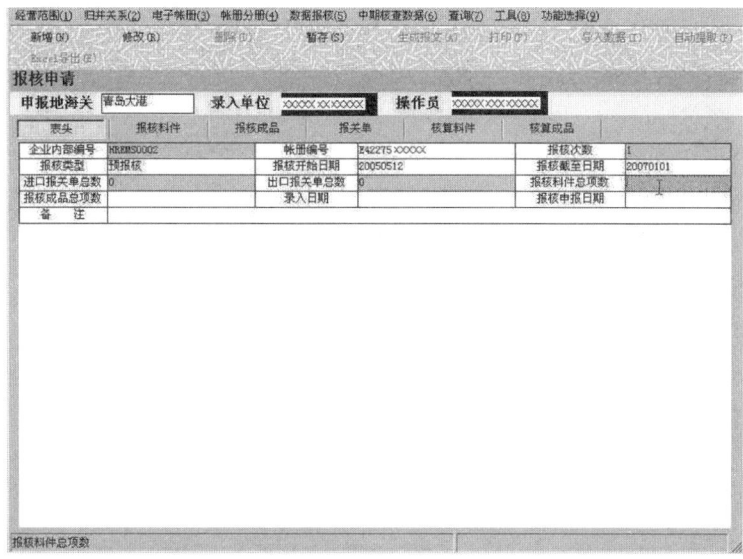

图 1-71

输入此次报核时,报核料件总项数、报核成品总项数,系统自动调出录入日期、报核申报日期,如图 1-72 所示:

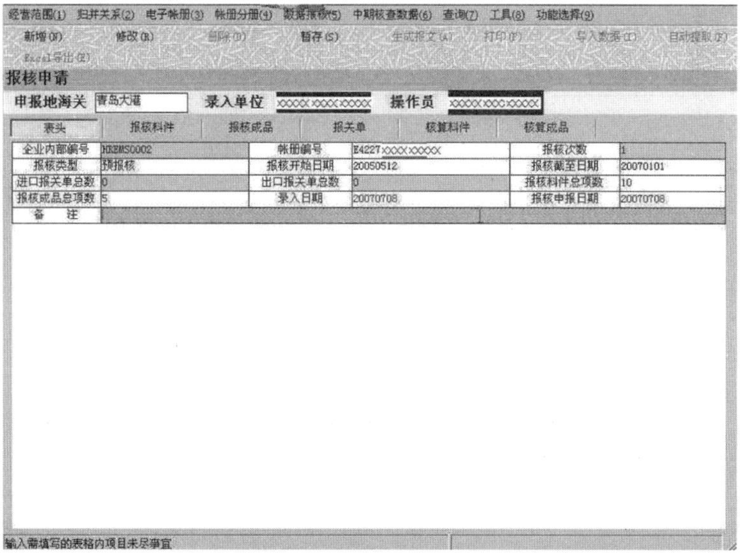

图 1-72

录入完毕，点击"暂存"，如图 1-73 所示：

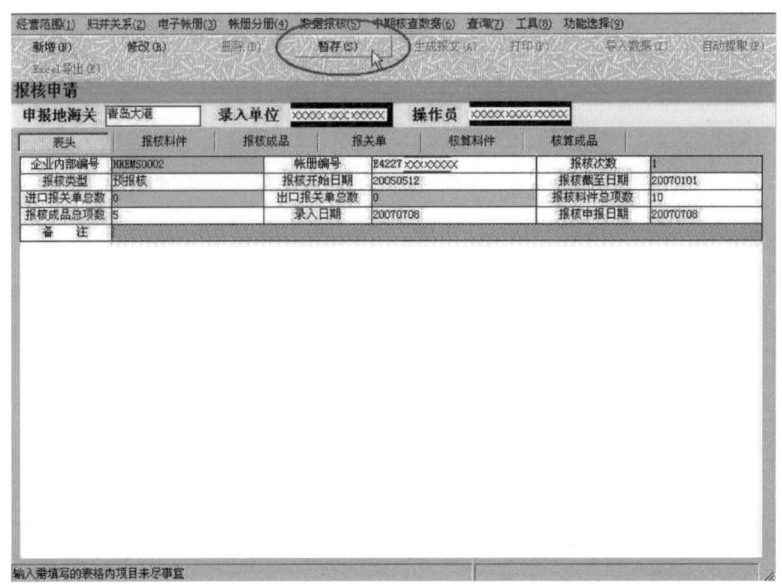

图 1-73

暂存成功后，系统自动跳到报关单录入界面，如图 1-74 所示：

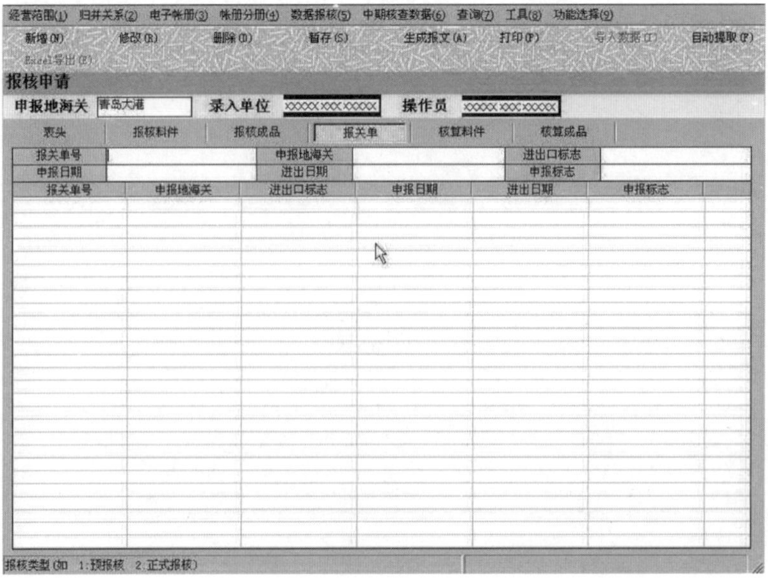

图 1-74

输入报关单号,按回车键,系统调出该报关单申报地海关、进出口标志,如图 1-75 所示:

图 1-75

录入申报日期、进出日期,选择申报标志,如图 1-76 所示:

图 1-76

若没有需要的申报标志，可直接点击暂存，报关单信息直接存入到列表中，如图1-77所示：

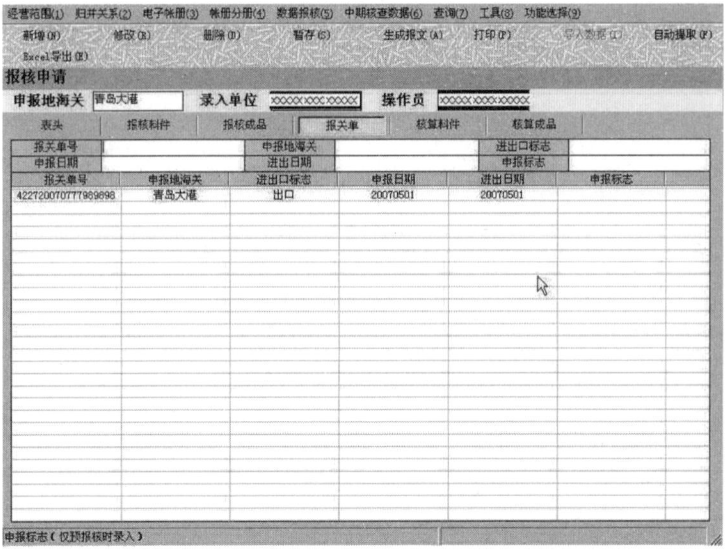

图1-77

录入完毕该报核期内的所有报关单并检查数据无误后，系统提示"是否要生成报文"，选择"是"，如图1-78所示：

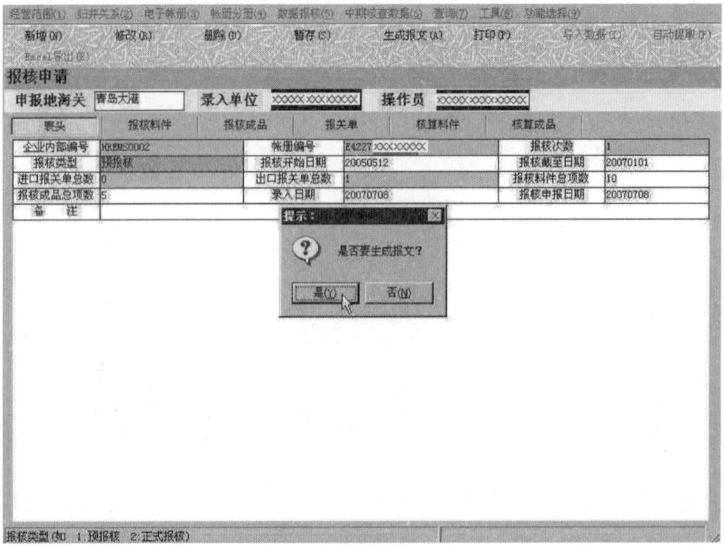

图1-78

提示生成报文成功，该次预报核申报完成，等待海关审批。预报核海关审核通过后，企业可进行正式报核。

3. 如何操作正式报核

企业点击"查询"——"数据查询"，业务类型选择"账册报核"——"已审批数据"，如图1-79所示：

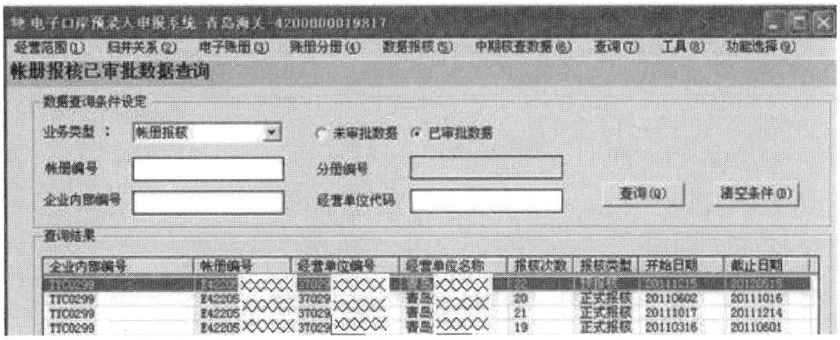

图1-79

双击海关审核通过的预报核数据，点击"修改"，提示"确认修改该数据"，点击"是"，如图1-80所示：

图1-80

选择"是",系统进入到报核录入界面,把报核类型修改为正式报核,如图1-81所示:

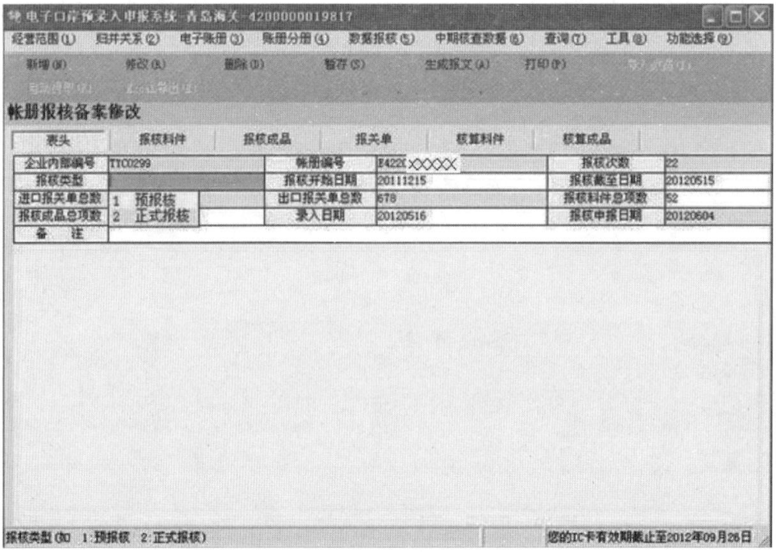

图1-81

点击"暂存",自动进入到报核料件界面,如图1-82所示:

图1-82

企业根据本次报核周期内实际进出口和库存情况，如实填写，具体填写要求见表1-5：

表1-5

字段名称	填写规范
料件序号	必填项。最多9位数字，录入的序号须存在于电子账册底账的料件表中。
货号	不可填。从电子账册底账料件表调出。
料件名称	不可填。从电子账册底账料件表调出。
计量单位	不可填。从电子账册底账料件表调出。
币制	不可填。从电子账册底账料件表调出。
应剩余数量	必填项。指根据企业向海关报备的单耗核算的余量。最多18位数字，整数13位，小数5位。
应剩余总价值	非必填项。指应剩余料件的价值。最多18位数字，整数13位，小数5位。
应剩余总重量	必填项。指应剩余数量按重量比例因子折后的重量。最多18位数字，整数13位，小数5位。
消耗总数量	必填项。指该项料件加工出口、内销的实际消耗数量，等于海关底账的核减数量。最多18位数字，整数13位，小数5位。
消耗总价值	非必填项。等于消耗总数量×本期该项料件的加权平均单价。最多18位数字，整数13位，小数5位。
消耗总重量	非必填项。指消耗总数量按该项料件的重量比例因子折后的重量。最多18位数字，整数13位，小数5位。
实际剩余数量	必填项。指该项料件盘存的实际数量（包括半成品、成品折回料件的数量）。最多18位数字，整数13位，小数5位。
实际剩余总价值	非必填项。指实际剩余数量的价值。最多18位数字，整数13位，小数5位。
实际剩余总重量	非必填项。指实际剩余数量按重量比例因子折后的重量。最多18位数字，整数13位，小数5位。

续表

字段名称	填写规范
边角料数量	非必填项。指实际剩余数量按重量比例因子折后的重量。最多18位数字，整数13位，小数5位。
边角料总价值	非必填项。指实际剩余数量按重量比例因子折后的重量。最多18位数字，整数13位，小数5位。
边角料总重量	非必填项。指实际剩余数量按重量比例因子折后的重量。最多18位数字，整数13位，小数5位。
备注	非必填项，根据实际情况填写。

企业录入完毕报核料件表后，点击报核成品，录入报核成品表，填写规范同报核料件。

报核成品表录入完毕后，点击核算料件表，进行录入，如图1-83所示：

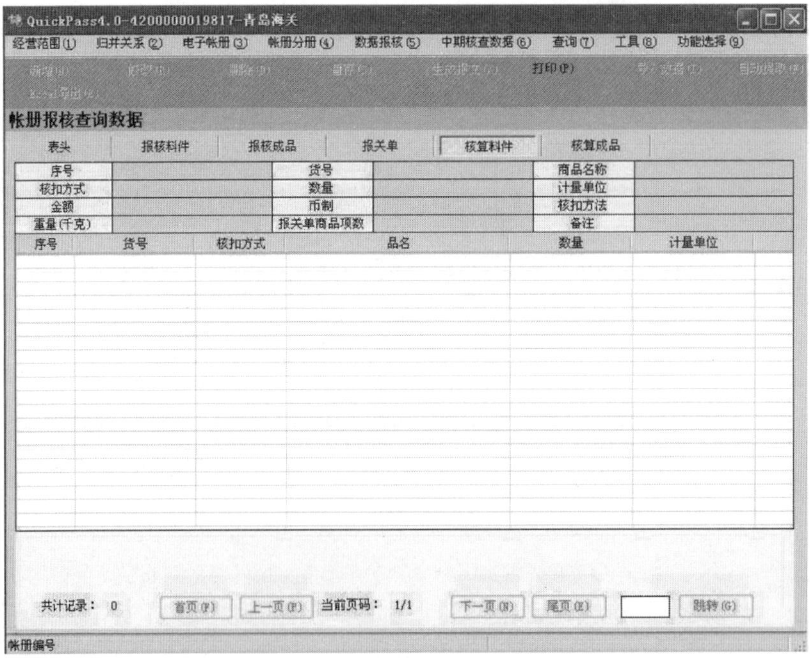

图 1-83

核算料件表填写规范见表 1-6：

表 1-6

字段名称	填写规范
序号	必填项。由系统自动生成，可修改。最多 9 位数字，录入的序号须存在于电子账册底账的料件表中。
货号	不可填。从电子账册底账的料件表调出。
商品名称	不可填。从电子账册底账的料件表调出。
核扣方式	必填项。敲空格键即可调出相应代码，选中代码即可显示相关内容。
数量	必填项。指该料件在同一核扣方式之下的累计数量。最多 18 位数字，整数 13 位，小数 5 位。
计量单位	不可填。从电子账册底账的料件表调出。
金额	非必填项。指该料件在同一核扣方式之下的累计金额。最多 18 位数字，整数 13 位，小数 5 位。
币制	不可填。从电子账册底账的料件表调出。
核扣方法	不可填。输入核扣方式后，由系统自动调出。有"核增"、"核减"、"空"三种核扣方法。
重量	非必填项。指该料件在同一核扣方式之下的累计重量。最多 18 位数字，整数 13 位，小数 5 位。
报关单商品项数	必填项。最多 9 位数字。
备注	非必填项。最多 50 位字符，可填写表格内项目未尽事宜。

核算料件表录入完毕，继续录入核算成品表，录入方法同核算料件。

数据全部录入完毕后，检查无误，即可生成报文向海关申报，等待海关审核。

六、电子账册报关申报操作实务及技巧

当电子账册企业有料件或成品进出口通关行为时，需向海关进行报关申报。在本系统中，企业首先向数据中心进行大清单申报，数据中心按一定原则将企业申报的大清单生成报关单和与一一对应的小清单，并向企业发出清单回执信息（包含报关单统一编号）。企业再通过查询功能查出拆分后的报关单信息，完成整份报关单的录入后，即可向海关进行报关申报。

电子口岸实务操作与技巧——加贸篇

（一）电子账册清单介绍

清单包括大清单和小清单。

大清单是拆分前的报关清单。货物进出口时,企业都需要填写大清单,记录进出口货物的详细情况,并向海关申报。

小清单是大清单拆分后的报关清单。小清单与报关单是一一对应的,以反映报关单中每项归并后货物与归并前各项货物的对应情况。

根据海关监管要求,数据中心将企业申报的大清单中的多项货物根据归并关系和其他合并条件(如"备案序号"、"商品编码"、"成品版本号"、"币制"、"征免规定"、"产终地"、"计量单位"都一致的可合并)合并成报关单中的一项货物,并向海关申报。

企业申报的大清单在其货物合并后,如果货物项数仍超过20项,则无法填写到同一份报关单上,因为每份报关单合并后的货物项数不能超过20项。所以需将合并后的大清单拆分成多份报关单和与之一一对应的小清单。

(二) 企业如何使用电子账册报关

企业可使用报关申报系统进行进出口业务清单的录入/申报,下面以进口为例,阐述企业如何录入报关清单。

企业使用电子口岸卡登录 QP 预录入系统,点击"报关申报",如图1-84所示:

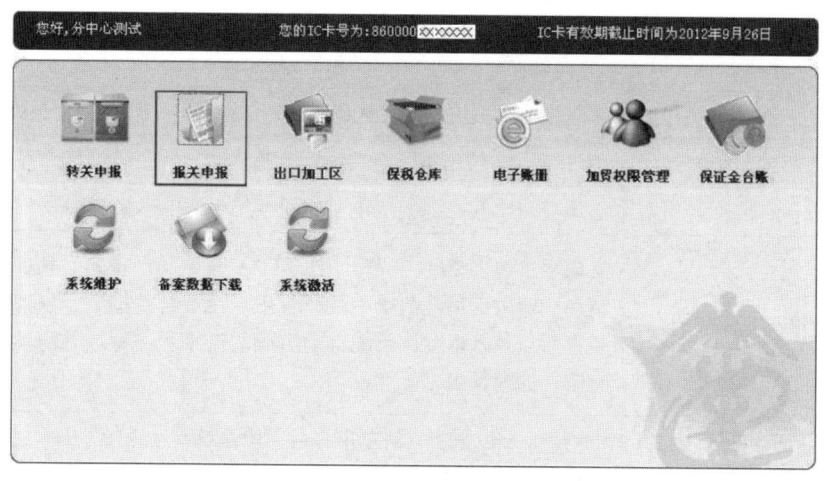

图 1-84

点击"进口业务",进入清单界面,如图1-85所示:

![图1-85界面截图]

图1-85

在清单录入界面,录入相关信息。清单表头各字段填写规范见表1-7所示:

表1-7

字段名称	填写规范
申报地海关	填写企业报关申报海关代码。
清单编号	不可填。18位字符,由系统自动返填。
账册编号	必填项。12位字符。为电子账册系统中的电子账册编号。
清单企业内部编号	必填项。最多20位字符。用户可自行输入,前提是必须保证清单企业内部编号的唯一性。若用户没有自行输入,当清单暂存后,录入框默认系统自动生成的流水号。每一票清单都有唯一的内部编号。
清单申报日期	不可填。8位数字,清单申报后,由系统自动返填。
报关单预录入号	根据录入的"申报地海关"来判断是否必填。部分海关要求必填,部分海关不要求填写。

续表

字段名称	填写规范
报关单申报日期	不可填。8位数字，报关单申报后，由系统自动返填。
经营单位编码	必填项。10位数字，为经营单位在海关注册的10位编码。
经营单位名称	必填项。输入经营单位编码后由系统自动调出。
进出口岸	必填项。敲空格键即可调出相应代码，选中代码即可显示相关内容。
录入单位编码	必填项。10位数字。为录入单位在海关注册的10位编码。
录入单位名称	必填项。输入录入单位编码后由系统自动调出。
录入日期	不可填。8位数字，默认为系统日期。
申报单位编码	必填项。10位数字，为申报单位在海关注册的10位编码。
申报单位名称	必填项。输入申报单位编码后由系统自动调出。
料件/成品标志	必填项。进口默认为"料件"；出口默认为"成品"；可编辑修改。
委托预录入企业编码	非必填项。一般为空。
运输方式	必填项。敲空格键即可调出相应代码，选中代码即可显示相关内容。
贸易方式	必填项。敲空格键即可调出相应代码，选中代码即可显示相关内容。
报关单归并方式	非必填项。根据企业情况自行填写，选中代码即可显示相关内容。
备注	非必填项。可填写表格内项目未尽事宜。

录入完毕清单表头后，按回车键，自动进入到清单表体界面，如图1-86所示。

清单表体录入规范见表1-8所示。

企业录入完毕，检查无误后，点击"申报"按钮，系统提示"申报成功"，清单申报完毕，如图1-87所示。

清单申报完毕后，一般需要5~10分钟时间，企业点击"查询/打印"——"清单查询"可查看到清单对应的数据中心回执"申报成功，清单拆分成X份报关单"，如图1-88所示。

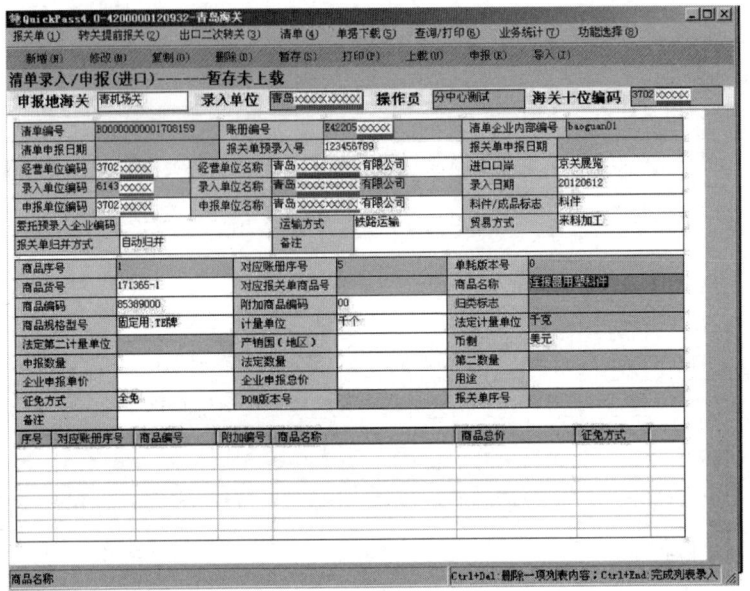

图 1-86

表 1-8

字段名称	填写规范
商品序号	必填项。由系统自动生成。
对应账册序号	必填项。系统自动生成，对应商品在电子账册表体中的序号。
单耗版本号	非必填项。最多9位数字。
商品货号	录入本次进出口申报商品对应的货号，该货号必须已在归并关系中做过备案。
对应报关单商品号	不可填。
商品名称	录入商品货号后自动调出数据。
附加商品编码	录入商品货号后自动调出数据。
归类标志	不可填。
商品规格型号	录入商品货号后自动调出数据。
计量单位	录入商品货号后自动调出数据。
法定计量单位	录入商品货号后自动调出数据。
法定第二计量单位	录入商品货号后自动调出数据。
产销国	必填项。敲空格键即可调出相应代码，选中代码即可显示相关内容。

续表

字段名称	填写规范
币制	必填项。敲空格键即可调出相应代码，选中代码即可显示相关内容。
申报数量	必填项，录入企业本次报关的商品数量。最多18位数字，整数13位，小数5位。
法定数量	必填项。最多18位数字，整数13位，小数5位。
第二数量	非必填项。最多18位数字，整数13位，小数5位。
企业申报单价	必填项。最多18位数字，整数13位，小数5位。
企业申报总价	必填项。最多18位数字，整数13位，小数5位。
用途	必填项。敲空格键即可调出相应代码，选中代码即可显示相关内容。
征免方式	必填项。敲空格键即可调出相应代码，选中代码即可显示相关内容。
BOM版本号	出口清单，需要填写归并关系中备案的成品版本号，进口货物清单，该项不可填。
报关单序号	非必填项。
备注	非必填项。可填写表格内项目未尽事宜。

图1-87

图 1-88

清单申报成功后，对于代理报关的企业，只需把清单编号告知代理报关公司，由代理公司下载清单完成报关。对于自理报关的企业，企业需自行生成报关单完成申报，具体操作如下：

企业选中清单记录，如图 1-89 所示：

图 1-89

点击图1-89界面下方的"清单报关单列表",进入以下界面,如图1-90所示:

图1-90

点击图1-90界面左下角的"查看明细"按钮,进入报关单录入界面,如图1-91所示,企业在报关单界面补充报关单信息,检查无误,即可申报。

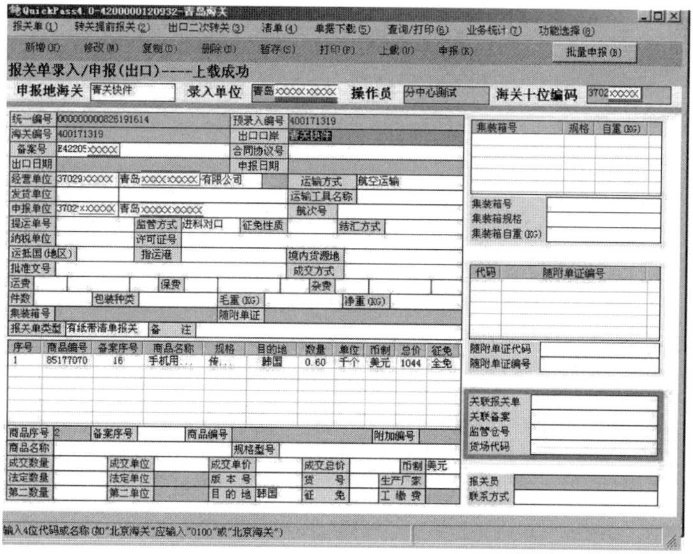

图1-91

报关单填制方法详见附件1。

第三节　注意事项

1. 经营范围的料件表与成品表只需要录入商品的前四位商品编码，前四位商品编码相同的商品只需要备案一项。

例如：企业有84 714 910.00和84 714 920.00这两项出口商品，只需要备案8 471这一大类的信息即可。

2. 企业做经营范围备案/变更，一般会收到4条入库成功的回执，若回执中出现"该账册或手册转人工"的信息提示时，如图1－92所示，表明经营范围数据已经被海关人工岗位成功接收到，企业可联系海关审核经营范围数据。

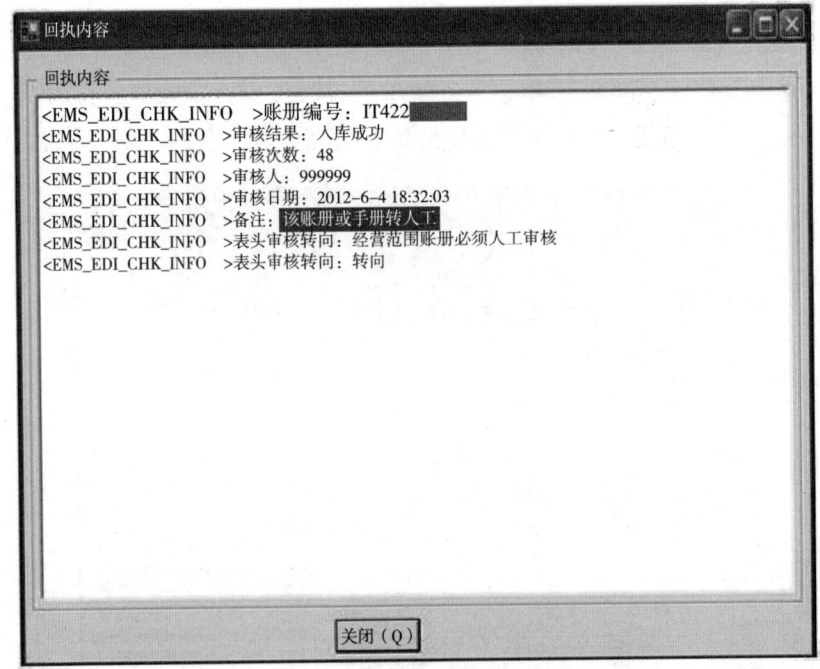

图1－92

3. "归并管理"是系统提供的辅助录入的小工具，通过归并管理，系统可自动生成归并后的数据，大大提高了企业的录入效率。企业亦可不使用该功能，先录入归并后数据，再手工录入归并前数据。

4. 归并关系数据申报后一般收到一条入库成功的回执即可联系海关审核。

5. 在海关允许的情况下，归并关系表头数据的"进出口岸"字段可为空，字段为空在各口岸均可使用该账册通关。

6. 企业若要修改某商品规格型号，必须在规格型号处点击鼠标右键，选择"重新归类"，在弹出的商品申报要素界面录入规格型号。

7. 企业在做好"拷贝归并后数据到电子账册"设置的前提下，电子账册的料件、成品数据无需企业手工录入，系统会自动产生。可大大提高企业的录入效率及准确性。（在没有设置拷贝的情况下，企业也可以手工录入电子账册的备案信息）

8. 电子账册的单损耗数据也无需企业手工录入，系统为企业提供了"BOM生成单损耗"的功能，单损耗数据会根据归并关系中的BOM表数据自动生成。

9. 归并关系中归并后料件和成品分别与电子账册中的料件和成品一一对应。

10. 为提高预报核的效率，系统为企业提供了分批报送功能，以提高报核速度。如果企业一个报核期内的报关单量不大，可直接做预报核，不必做分批报送。

11. 预报核只需要申报该报核期内参与核销的报关单信息。

12. 企业收到两条入库成功的回执后，说明数据已被海关接收，企业可联系海关审批预报核数据。

13. 企业必须正确录入报核的开始日期，核销开始日期为电子账册上期核销结束日期的次日（首次核销的为料件首次进口日期），核销开始日期录入错误数据会被系统自动退单。

14. 如果企业已经做过预报核，本次核销无法再使用分批报送。

15. 当企业收到两条账册报核"入库成功"回执时，即可联系海关审核报核数据。

16. 报核料件表是正式报核中企业必须要申报的信息，报核成品表、核算料件表、核算成品表根据当地海关的要求选择申报。

17. 报核相关数量的说明：

应剩余数量：企业根据进出口报关单及电子账册单损耗数据计算出的理论料件剩余数量。

应剩余数量＝期初数＋进口数量（扣除内销、退运等）－消耗数量

实际剩余数量：企业仓库、车间等各物流环节件的实际剩余数量。

实际剩余数量＝料件库存＋料件在途＋在线生产折料＋库存成品折料

消耗总量：在本次核销内申请核销的成品所消耗的料件总数量。

消耗总量＝出口成品耗料＋成品退还出口折料＋成品放弃折料－成品退还进口折料

第二章　无纸化手册

第一节　无纸化手册系统介绍

无纸化手册系统是为规范加工贸易企业进出口行为和加工秩序，解决业务现场疲于应付单证作业和重复劳动的问题，充分利用信息化的手段以达到海关的监管资源重新配置和重心向实际监管转移的目的而开发的新一代加工贸易手册系统。该系统以中国电子口岸为平台，以合同为单元建立备案资料库和通关手册，企业根据备案后的通关手册进行通关及核销。海关根据企业备案数据及实际进出口情况对手册进行手册核算、结案操作。

该系统运用先进的管理理念和技术，采用"电子备案＋自动核算"模式，简化企业手续的同时又方便海关监管。

无纸化手册操作共涉及三个子系统：无纸化手册备案系统、报关申报系统和加贸权限管理系统。用户凭企业操作员 IC 卡或 IKEY 卡通过无纸化手册系统向海关进行加工贸易各项业务的备案与变更，通过报关申报系统向海关办理报关申报业务，同时还可利用"查询"功能，进行数据及回执查询，以了解所办理业务的进展情况。

第二节　无纸化手册实务操作及技巧

一、系统登录

进入 WINDOWS 操作系统，将企业操作员 IC 卡插入连接在电脑上的

IC 卡读卡器中，或将操作员 IKEY 插入电脑的 USB 接口。当 IC 卡和 IKEY 同时使用时，IC 卡优先。

从 WINDOWS 桌面上双击电子口岸预录入系统，出现系统登录界面，输入电子口岸卡密码登录，如图 2-1 所示。

图 2-1

选择"无纸化手册"子系统，点击进入进行手册备案界面，如图 2-2 所示：

图 2-2

二、备案资料库备案/变更实务操作及技巧

（一）如何进行备案资料库的备案

企业在备案无纸化手册之前，先要进行备案资料库的备案。备案资料库中需要备案企业基本信息和企业后期进出口可能用到的料件、成品信息。企业备案通关手册时需要调用备案资料库中已经备案的料件、成品信息。

进入无纸化手册后，点击"备案资料库"菜单中的"备案资料库"，如图2-3所示：

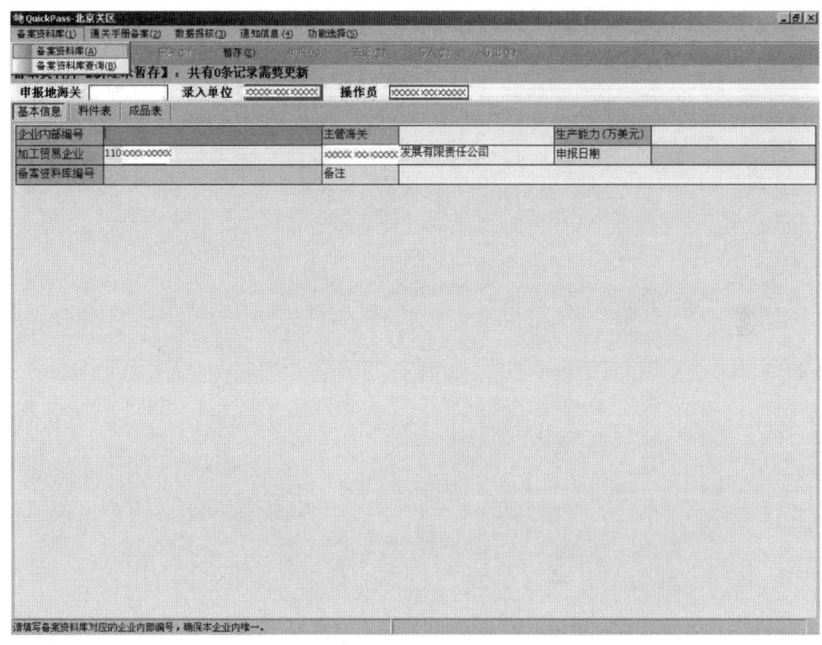

图2-3

企业首先录入基本信息，备案资料库基本信息的填写规范见表2-1。

表 2-1

字段名称	填写规范
申报地海关	必填项，录入企业要申报数据对应的4位海关代码。
企业内部编号	必填项，企业自行编写，一般是数字和英文的组合。
主管海关	必填项，填写企业主管海关。
生产能力（万美元）	必填项，根据商务部门的批复填写。
加工贸易企业	必填项，录入企业10位代码，自动调出企业名称。
申报日期	不可填，企业申报后系统自动生成。
备案资料库编号	不可填，海关审核通过后，系统自动返填。
备注	选填项，填写海关或企业需要说明的其他内容。

企业录入完备案资料库表头后，点击"暂存"按钮，进入到料件表的录入界面，企业录入商品编码前4位，即可调出商品相关信息，如图2-4所示：

图 2-4

选择需要备案的商品，点击"确定"，出现商品申报要素填写界面，如图2-5所示。

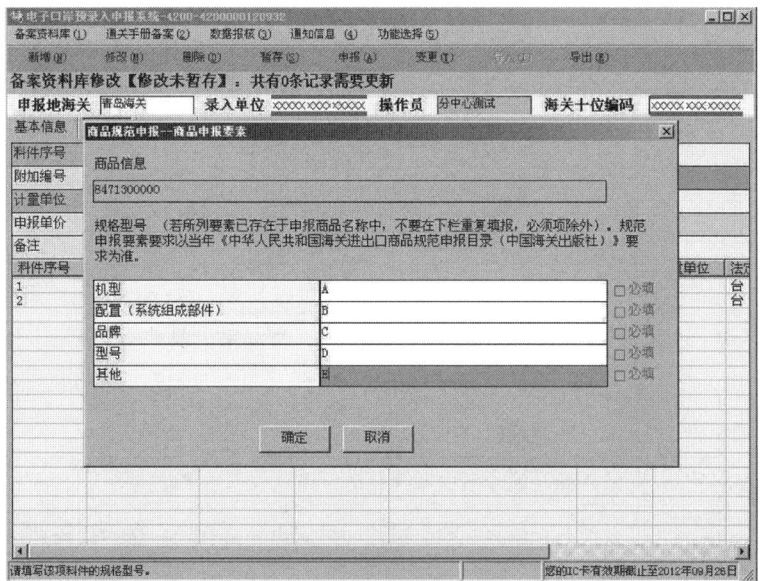

图 2-5

录入商品要素后,点击"确定",继续录入料件的其他信息,如图 2-6 所示:

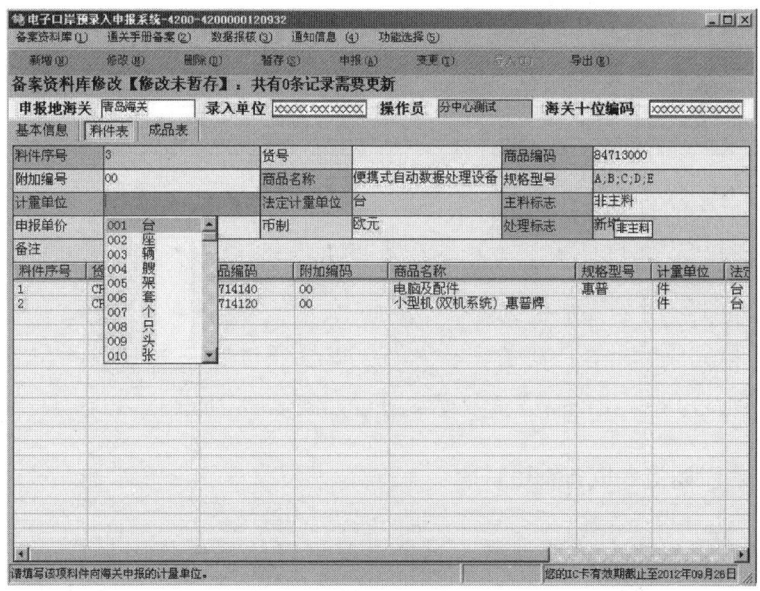

图 2-6

备案资料库料件表填写规范见表2-2所示：

表2-2

字段名称	填写规范
料件序号	不可填，由系统自动生成顺序号。
货号	非必填项，一般为数字、英文组合。
商品编码	必填项，8位数字，根据《商品分类表》（COMPLEX）、《商品归类表》（CLASSIFY）填写。录入商品编码前4位即可调出相应信息进行选择。
附加编码	根据商品编码调出。
商品名称	输入商品编号后由系统自动调出。也可手工输入。
计量单位	企业自行填写，敲空格键即可调出相应代码，选中代码即可显示相关内容。
法定计量单位	根据商品编码由系统自动调出。
主料标志	根据业务选择，分为"主料"和"非主料"。
规格型号	根据商品申报要素填写。
申报单价	根据业务填写，最多18位数字，整数13位，小数5位。
币制	敲空格键即可调出相应代码，选中代码即可显示相关内容。
处理标志	不可填，新备案为"新增"，变更为"修改"。
备注	最多50位字符，可填写表格内项目未尽事宜。

成品表的录入方法同料件表。

基本信息、料件表、成品表信息录入完毕，检查无误后，点击"申报"，如图2-7所示。

申报完成后，等待海关审核。海关审核通过后产生HS+4位关区代码+流水号共12位的备案资料库编号，如图2-8所示。

（二）如何变更备案资料库

备案资料库审核通过后，当企业要进口的料件或出口成品在备案资料中没有备案，或者已备案的商品HS编码发生变化，企业首先对备案资料库进行变更，点击"备案资料库"——"备案资料库查询"，

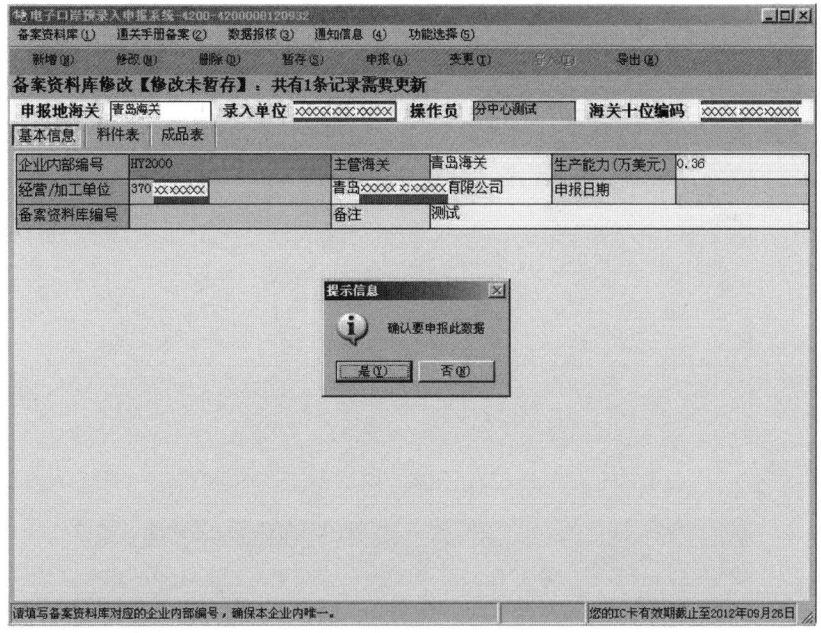

图 2 – 7

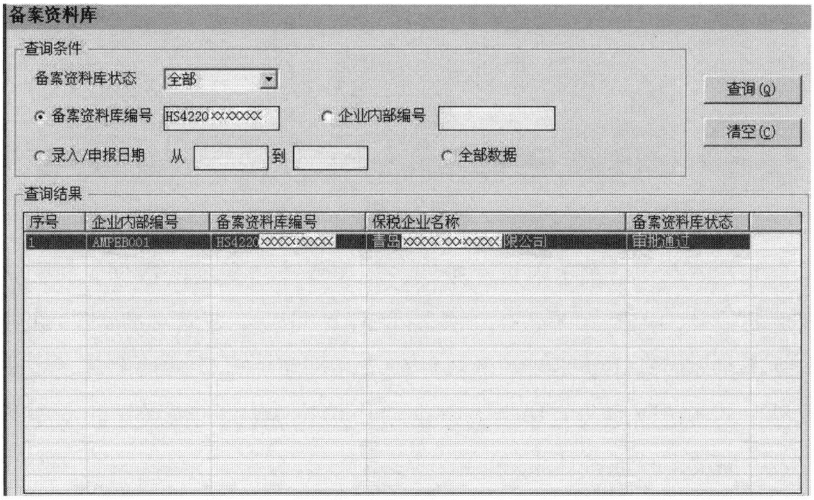

图 2 – 8

输入要变更的备案资料库编号,点击查询,查询到已备案的备案资料库,如图2 – 9所示。

点击"变更"按钮,进入到商品信息修改界面,如图2 – 10所示。

电子口岸实务操作与技巧——*加贸篇*

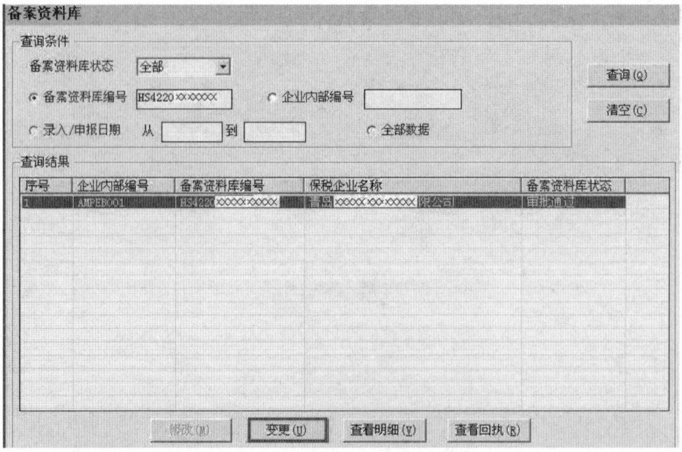

图 2-9

图 2-10

企业首先点一下菜单中暂存按钮,若要修改已备案的数据,只需选中要变更的记录,直接修改数据,然后保存即可。企业若要新增料件或成品,直接在界面录入需要新增的料件或成品即可,录入方法同备案资料库备案操作。新增或修改完毕后,点击"申报",数据向海关申报,等待海关审核,海关审核通过后生效。

三、通关手册备案/变更实务操作及技巧

(一) 如何备案通关手册

通关手册是以加工贸易合同为单元建立的底账数据,在备案、通关、

核销等环节采用"电子备案+自动核算"模式。

备案资料库海关审核通过后,企业点击菜单上的"通关手册备案",选择"通关手册备案"。通关手册备案分为基本信息、料件表、成品表、单损耗表四部分。首先录入基本信息表,如图2-11所示:

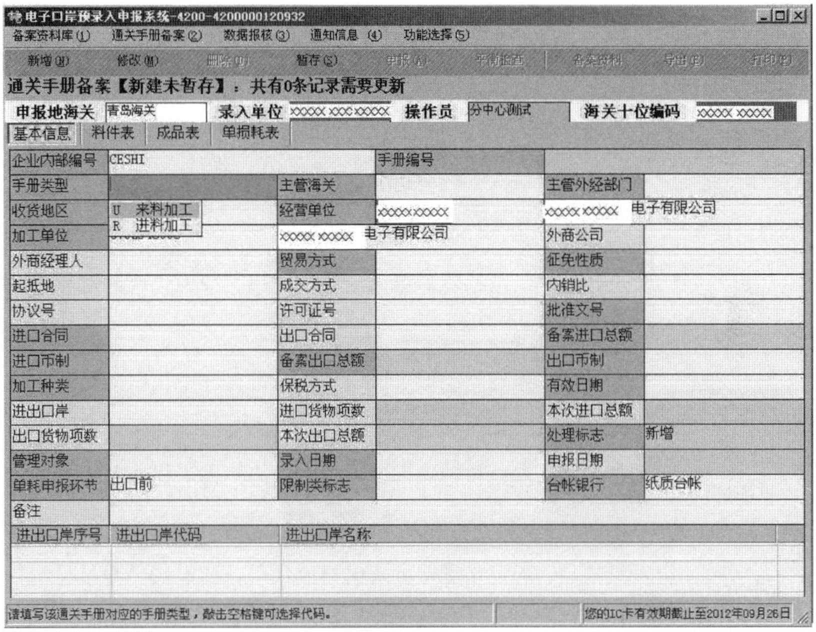

图2-11

通关备案基本信息各字段录入规范见表2-3:

表2-3

字段名称	填写规范
企业内部编号	由企业自行编号,但须保证在企业内部的唯一性。不能和备案资料库的内部编号相同。
手册编号	不可填,海关审核通过后自动返填。
手册类型	必填项,根据企业加工贸易合同类型选择,分为"进料加工"和"来料加工"。
主管海关	必填项,录入企业的主管海关。
主管商务部门	必填项,录入企业主管商务部门。

续表

字段名称	填写规范
收货地区	必填项,敲空格键即可调出相应代码,选中代码即可显示相关内容。
经营单位	必填项,录入经营单位在海关注册的10位编码,后一录入框系统根据输入的经营单位代码返填经营单位名称。
加工单位	必填项,录入加工单位在海关注册的10位编码,后一录入框系统根据输入的经营单位代码返填经营单位名称。
外商公司	选填项,录入外商公司名称。
外商经理人	选填项,录入外商经理人。
贸易方式	必填项,敲空格键即可调出相应代码,选中代码即可显示相关内容。
征免性质	必填项,敲空格键即可调出相应代码,选中代码即可显示相关内容。
起抵地	选填项,敲空格键即可调出相应代码,选中代码即可显示相关内容。
成交方式	选填项,敲空格键即可调出相应代码,选中代码即可显示相关内容。
内销比	选填项,录入内销比例。
协议号	选填项,录入协议号。
许可证号	选填项,录入许可证号。
批准文号	必填项,录入外经委发放的批准证号。
进口合同	必填项,录入进口合同号。
出口合同	选填项,录入出口合同号。
备案进口总额	不可填,由系统根据所有备案料件的进口额累加后返填。
进口币制	必填项,敲空格键即可调出相应代码,选中代码即可显示相关内容。
备案出口总额	不可填,由系统根据所有备案料件的进口额累加后返填。
出口币制	必填项,敲空格键即可调出相应代码,选中代码即可显示相关内容。

续表

字段名称	填写规范
加工种类	必填项，敲空格键即可调出相应代码，选中代码即可显示相关内容。
保税方式	选填项，敲空格键即可调出相应代码，选中代码即可显示相关内容。
有效日期	必填项，录入手册的有效期，格式为YYYYMMDD。
进出口岸	选填项，敲空格键即可调出相应代码，选中代码即可显示相关内容。
进口货物项数	不可填，系统根据料件表中料件项数自动返填。
本次进口总额	不可填，系统根据料件表中料件金额自动返填。
出口货物项数	不可填，系统根据成品表中料件项数自动返填。
本次出口总额	不可填，系统根据成品表中成品金额自动返填。
处理标志	不可填，备案为"新增"，变更为"修改"。
管理对象	必填项，录入手册的管理对象，需与备案资料库管理对象保持一致。敲空格键即可选择，分为"以经营单位为管理对象"和"以加工单位为管理对象"。
录入日期	按回车键后系统根据计算机日期自动返填。
申报日期	企业申报后系统根据计算机日期自动返填。
单耗申报环节	必填项，单损耗申报的时点，分为"备案"、"出口前"、"报核前"。 "备案"，指在向海关备案手册的同时，申报单损耗数据，海关对手册及单损耗数据进行审核，审核通过后单损耗不允许变更。一般在单损耗确定的情况下，企业可选择备案时向海关申报单损耗。 "出口前"，是指企业在手册备案时可先录入单损耗而不申报，等成品加工完毕，单损耗确定的情况下再向海关申报单损耗数据。 "报核前"，是指企业在备案手册及报关时可暂不备案单损耗数据，在手册报核之前向海关申报单损耗。只有企业具备相应的管理类别并在海关主管加工贸易部门同意的前提下，才可以选择该方式。

续表

字段名称	填写规范
限制类标志	必填项，用于确定手册类型，分为"调整前旧手册"、"调整后新手册"、"台账专用手册"。 "调整前旧手册"，由纸质手册转化成无纸化手册选择该方式。目前企业一般用不到。 "调整后新手册"，目前新备案的加工贸易手册都选择该方式。 "台账专用手册"，企业用来设立台账的专用手册。
台账银行	必填项，分为"纸质台账"、"中国银行"、"工商银行"，后两种为电子台账，企业根据所属关区海关实施的台账类型进行选择。
备注	选填项，可填写表格内项目未尽事宜。

基本信息录入完毕后，点击菜单中的"暂存"按钮，进入到料件表的录入界面，点击"备案资料"按钮，列表下方会自动调出该企业的备案资料库内容，如图 2-12 所示：

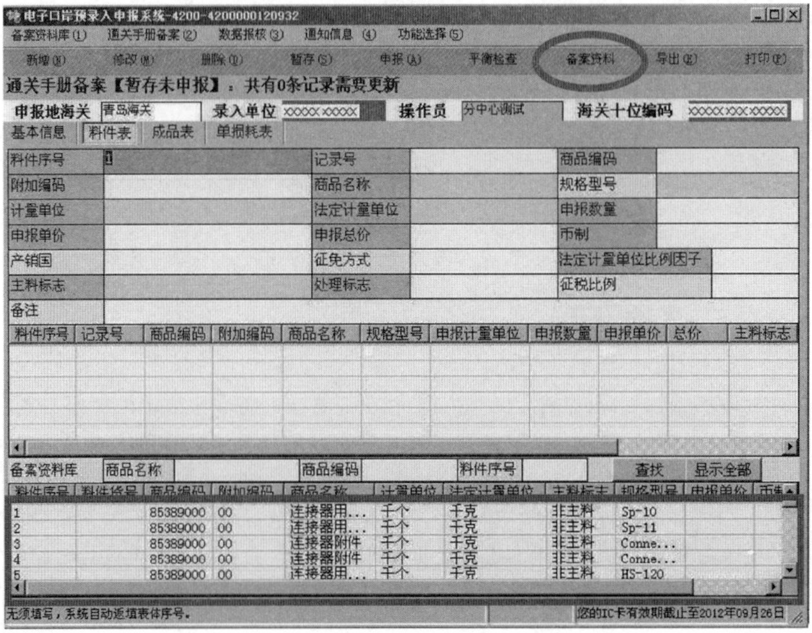

图 2-12

企业选择此次要备案的料件信息,例如要备案资料库中的第2项料件,在记录号中录入"2",按回车键后,系统会自动调出商品信息,如图2-13所示:

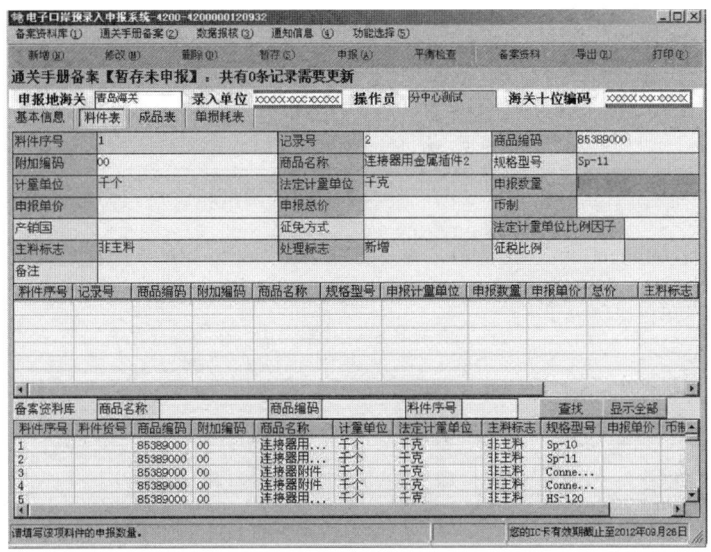

图 2-13

料件表各字段录入方法见表2-4:

表 2-4

字段名称	填写规范
料件序号	必填项,由系统自动顺序生成,最多9位数字。
记录号	必填项,录入需备案料件对应的备案资料库表体序号。
商品编码	录入记录号后系统自动调出信息。
附加编码	录入记录号后系统自动调出信息。
商品名称	录入记录号后系统自动调出信息。
规格型号	录入记录号后系统自动调出信息。
计量单位	录入记录号后系统自动调出信息。
法定计量单位	录入记录号后系统自动调出信息。
申报数量	必填项,录入该项料件的备案数量,最多18位数字,整数13位,小数5位。
申报单价	必填项,录入该项料件的单价,最多18位数字,整数13位,小数5位。

续表

字段名称	填写规范
申报总价	必填项，按回车键后自动计算返填。
币制	必填项。敲空格键即可调出相应代码，选中代码即可显示相关内容。
产销国	必填项。敲空格键即可调出相应代码，选中代码即可显示相关内容。
征免方式	必填项。敲空格键即可调出相应代码，选中代码即可显示相关内容。
法定计量单位比例因子	必填项，录入法定计量单位的比例因子，最多14位数字，整数9位，小数5位。
主料标志	录入记录号后系统自动调出信息。
处理标志	不可填，由系统自动生成。
征税比例	选填项，录入该项料件的征税比例。
备注	选填项，可填写表格内项目未尽事宜。

料件表录入完毕，点击"暂存"后，进入成品表的录入界面，如图2-14所示：

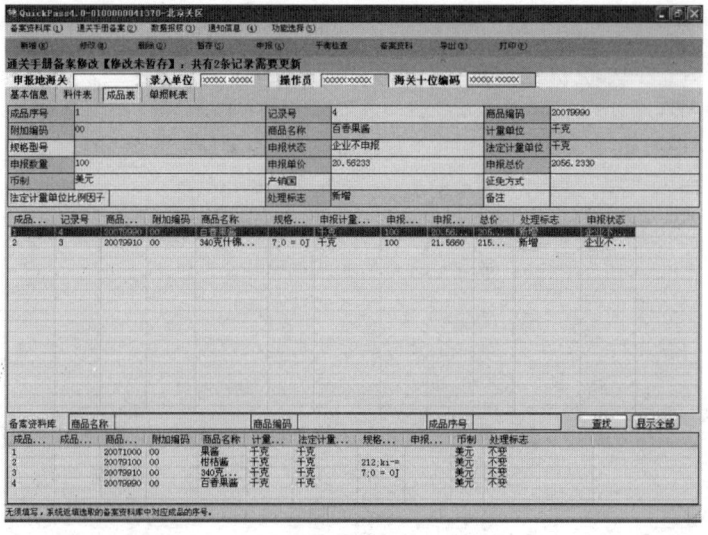

图2-14

成品表各字段录入方法见表2-5：

表2-5

字段名称	填写规范
成品序号	必填项，由系统自动顺序生成，最多9位数字。
记录号	必填项，录入需备案料件对应备的案资料库表体序号。
商品编码	录入记录号后系统自动调出信息。
附加编码	录入记录号后系统自动调出信息。
商品名称	录入记录号后系统自动调出信息。
计量单位	录入记录号后系统自动调出信息。
规格型号	录入记录号后系统自动调出信息。
申报状态	必填项，敲空格键选择，分为"企业不申报"、"企业申报"、"已核定"。
法定计量单位	录入记录号后系统自动调出信息。
申报数量	必填项，录入该项料件的备案数量，最多18位数字，整数13位，小数5位。
申报单价	必填项，录入该项料件的单价，最多18位数字，整数13位，小数5位。
申报总价	必填项，按回车键后自动计算返填。
币制	必填项。敲空格键即可调出相应代码，选中代码即可显示相关内容。
产销国	必填项。敲空格键即可调出相应代码，选中代码即可显示相关内容。
征免方式	必填项。敲空格键即可调出相应代码，选中代码即可显示相关内容。
法定计量单位比例因子	必填项。录入法定计量单位的比例因子，最多14位数字，整数9位，小数5位。
主料标志	录入记录号后系统自动调出信息。
处理标志	不可填，由系统自动生成。
备注	选填项，可填写表格内项目未尽事宜。

成品表录入完毕,点击"单损耗表"进行录入,具体录入界面如图 2-15所示:

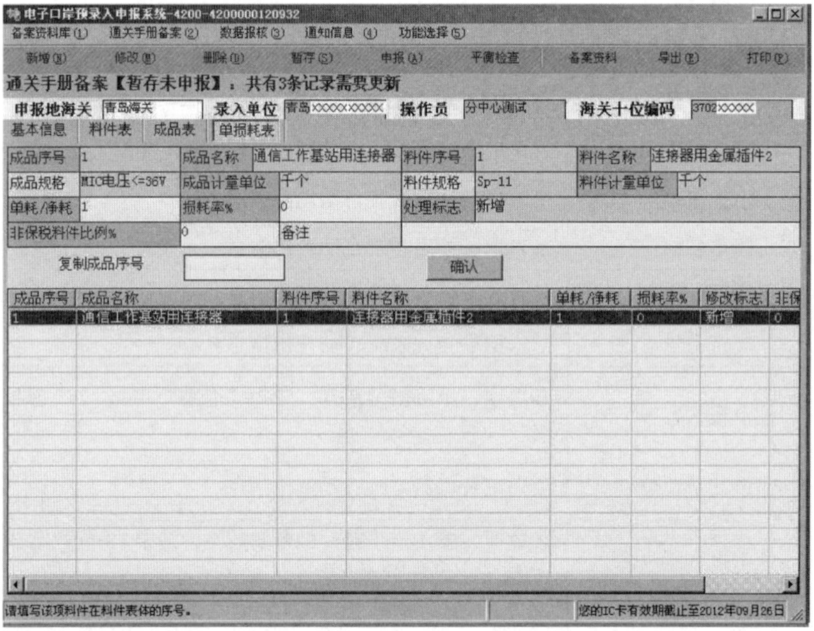

图 2-15

单损耗表各字段录入方法见表 2-6:

表 2-6

字段名称	填写规范
成品序号	必填项。最多9位数字,但必须保证该序号在成品表中存在。
成品名称	必填项。输入成品序号后由系统自动调出。
料件序号	必填项。最多9位数字,但必须保证该序号在料件表中存在。
料件名称	必填项。输入料件序号后由系统自动调出。
成品规格	必填项。输入成品序号后由系统自动调出。
成品计量单位	必填项。输入成品序号后由系统自动调出。
料件规格	必填项。输入料件序号后由系统自动调出。
料件计量单位	必填项。输入料件序号后由系统自动调出。
单耗/净耗	必填项,货物在单位成品中的料件的数量。

续表

字段名称	填写规范
损耗率（%）	必填项，若损耗率为10%，只需要填写10。
处理标志	必填项，由系统自动生成。
非保税料件比例（%）	必填项，录入该项成品消耗料件中非保税料件的比例，例如非保税料件占50%，则录入50。
备注	选填项，可填写表格内项目未尽事宜。

单损耗表录入完毕，企业可点击菜单中的"平衡检查"按钮，校验录入数据的合法性，如图2-16所示：

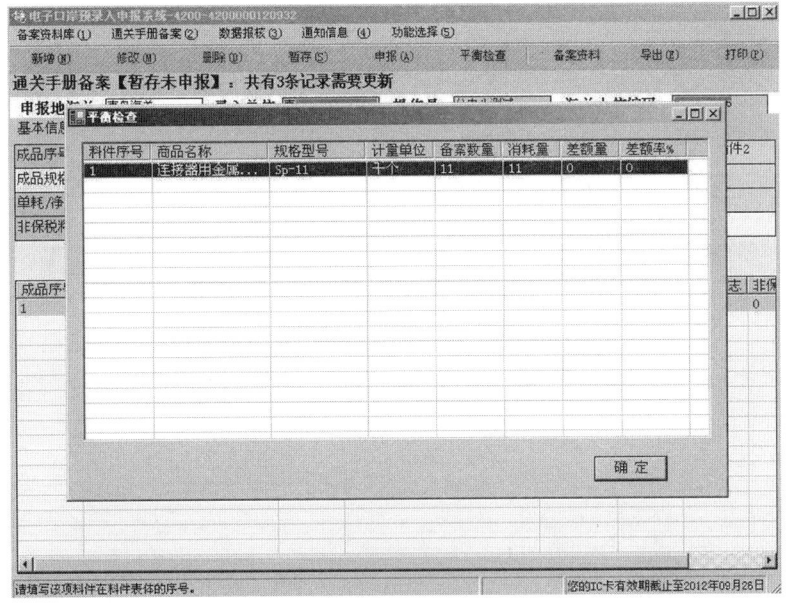

图2-16

在平衡检查界面企业可看到每项料件的备案数量、根据单损耗折算的消耗量、差额量和差额率，通过平衡检查可大大降低企业误录入数据带来的风险。

基本信息、料件表、成品表、单损耗录入完毕，检查无误即可申报。

申报后半小时左右，企业可点击通关手册备案中的"通关手册备案查询"，如图2-17所示。

图 2-17

企业设定相关的查询条件进行查询，选中查询出的记录，点击"查看回执"，如图 2-18 所示：

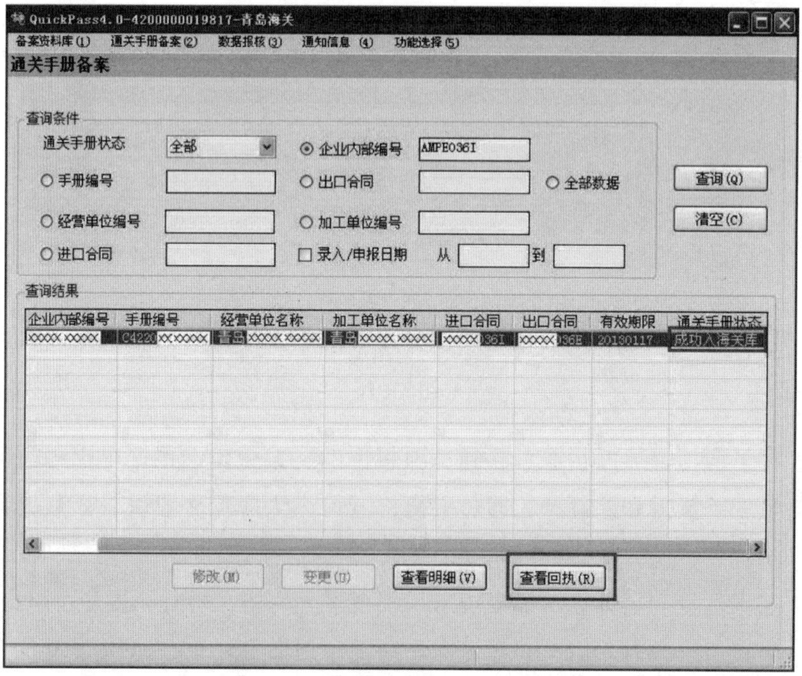

图 2-18

当通关手册的状态是"成功入海关库",且回执出现"该申请已经海关审核,请到主管海关提交有关单证"的信息提示时,说明该通关手册备案已经转人工审核了,此时企业可联系海关对该通关手册进行审核。如图2-19所示:

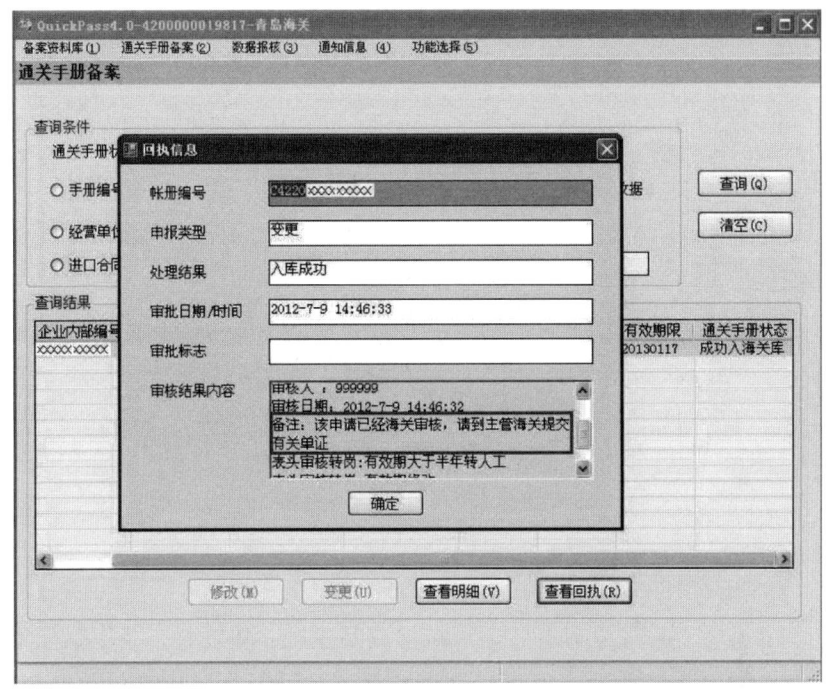

图 2-19

海关对企业申报的数据进行审核,审核企业的备案申请内容与商务部出具的"加工贸易业务批准证"是否相符,备案数量是否超出商务主管出具的生产能力证明,单损耗数据是否合理,申请是否符合法律或相关规定。海关审核通过后,系统会返回无纸化手册编号。如图2-20所示。根据企业管理类别及手册商品备案情况,海关确定是否需要开设台账,缴纳保证金。若手册需要开设台账,企业办理完台账手续,海关登记台账成功后,手册正式建立。至此企业可使用该通关备案手册开展报关业务。

图 2-20

（二）如何变更通关手册

当企业需要修改手册有效期、料件成品税则、单损耗、备案数量等相关备案信息时，需要对手册进行变更操作。涉及料件、成品信息变更时，需要先从备案资料库开始变更（详见备案资料库变更方法），再变更通关手册。通关手册变更具体操作流程如下：

企业点击"通关手册备案"中的"通关手册备案查询"，如图 2-21 所示。

录入要变更的手册号，点击"查询"，如图 2-22 所示。

查询到需要变更的手册，选中该手册，点击变更，进入到详细的变更页面，如图 2-23 所示。

企业在手册变更界面对手册内容进行修改，修改完毕后点击"申报"，等待海关审核，海关审核通过后，变更数据生效。

图 2－21

图 2－22

电子口岸实务操作与技巧——加贸篇

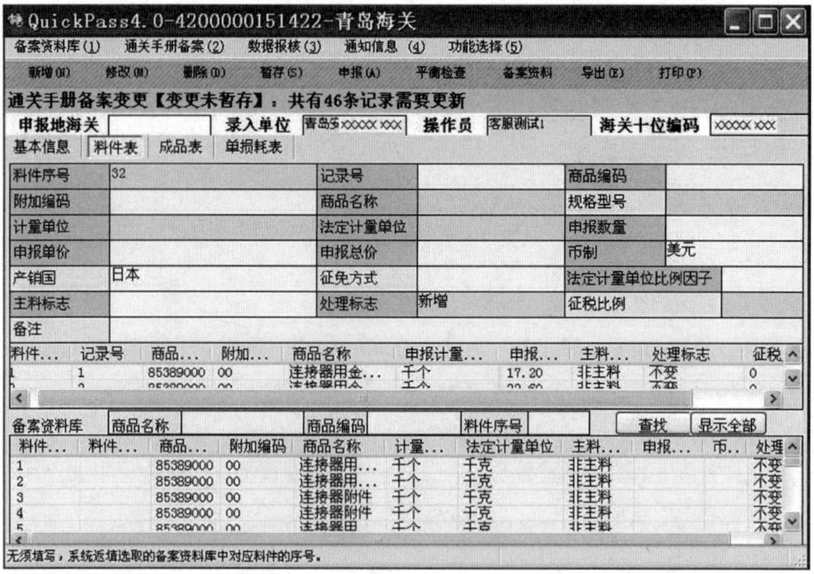

图 2－23

四、报关申报实务操作及技巧

通关手册备案海关审核通过后,企业就可以用无纸化手册进行报关。

企业可根据企业情况或海关要求,采用自理报关或委托代理报关两种模式。下面分别介绍这两种报关模式下企业的操作流程。

(一) 委托代理报关

目前无纸化手册操作实行权限管理,企业在委托代理公司开展报关业务前,必须给代理公司授权,代理公司才可为其报关。(授权方法参考第八章)

授权工作完成后,企业持操作员卡登录系统,点击"报关申报"子系统进入,如图 2－24 所示。

企业依次录入申报地海关、预录入编号、进出口岸,在备案号处录入海关审核通过后的通关手册备案号,按回车键后,调出手册备案的相关信息,如图 2－25 所示。

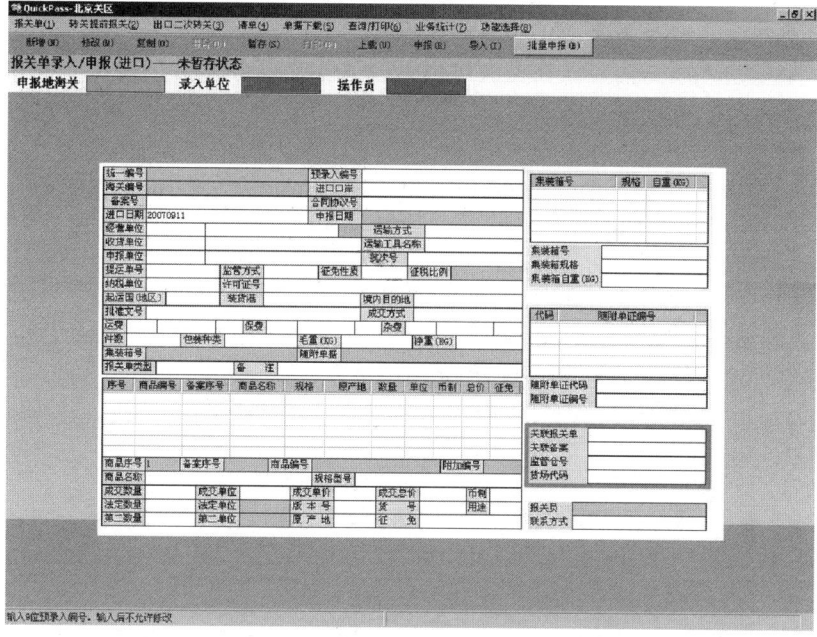

图 2-24

图 2-25

企业补充报关单表头信息（录入方法详见附件1），表头信息录入完毕后，继续录入商品信息。在备案序号处录入本次需要报关的通关手册中已备案的序号，如图2－26所示。

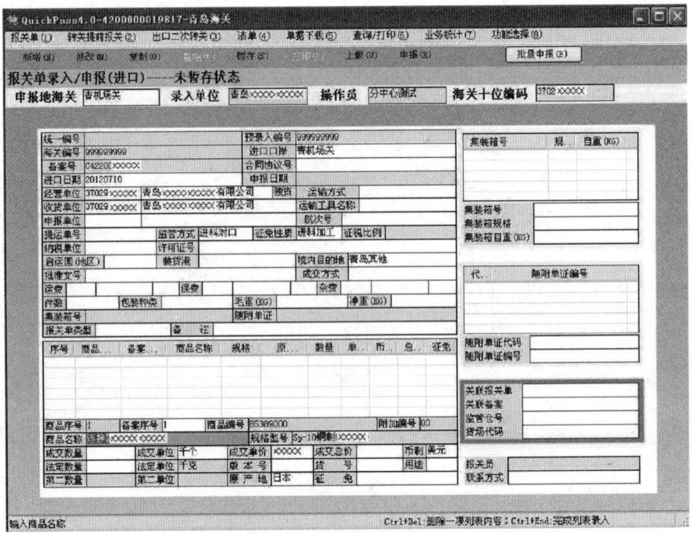

图2－26

企业按照报关单填制规范，继续录入报关单信息，录入完毕后点击"申报"按钮向海关申报，等待海关审单。

（二）自理报关

采用自理报关模式企业，无需进行授权操作，直接录入报关单即可，报关单录入方法详见附件1。

五、数据报核实务操作及技巧

（一）数据报核介绍

加工贸易核销，是指加工贸易经营企业加工复出口或者办理内销等海关手续后，凭规定单证向海关申请解除监管，经海关审查、核查属实且符合有关法律、行政法规、规章的规定，予以办理解除监管手续的行为。

第二章 无纸化手册

经营企业应当在规定的期限内将进口料件加工成品复出口，并自加工贸易手册最后一批成品出口或者加工贸易手册到期之日起30日内向海关报核。加工贸易合同因故提前终止的，应自终止之日起30日内向海关报核。

海关收到企业的核销申请，对企业提交的手册、报关单等相关单证进行审核，经审核单证齐全、有效的，予以核销结案。加工贸易部门对已结案的手册签发《核销结案通知书》。对于开设过银行保证金台账的手册，海关向银行发送台账核销联系单，银行处理完毕向海关发送保证金核销通知单后，海关自动登记。

（二）如何进行数据报核

企业持操作员卡登录无纸化手册系统，点击"数据报核"，如图2-27所示。报核信息录入分为基本信息、报关单、料件表、成品表、单损耗五部分。

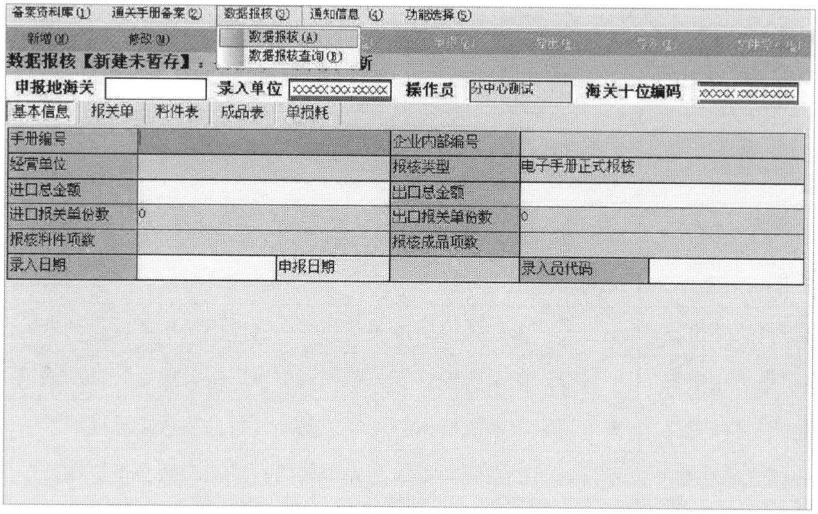

图2-27

输入需要报核的手册号，调出手册的基本信息，如图2-28所示。数据报核基本信息填写规范见表2-7。

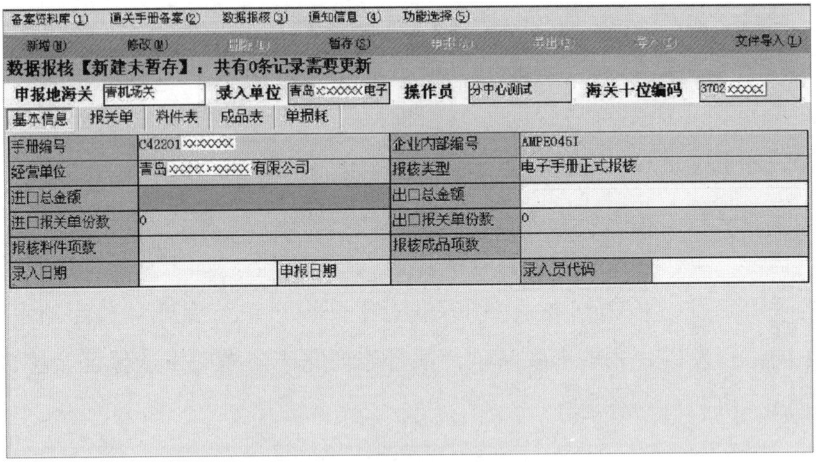

图 2-28

表 2-7

字段名称	填写规范
手册编号	必填项,录入需报核手册的编号。
企业内部编号	不可填,录入手册编号后,自动调出。
经营单位	不可填,录入手册编号后,自动调出。
报核类型	不可填,由系统自动生成。
进口总金额	必填项。填写该手册进口总额。最多18位,13位整数,5位小数。
出口总金额	必填项。填写该手册出口总额。最多18位,13位整数,5位小数。
进口报关单份数	不可填。由系统根据报关单列表中进口报关单项数自动返填。
出口报关单份数	不可填。由系统根据报关单列表中出口报关单项数自动返填。
报核料件项数	不可填。由系统根据料件表中的报核料件项数自动返填。
报核成品项数	不可填。由系统根据成品表中的报核成品项数自动返填。
录入日期	按回车键后由系统自动生成。
申报日期	不可填,企业申报后系统自动返填。
录入员代码	必填项。最多4位字符,企业自行编录。

基本信息录入完毕,进入报关单录入页面,如图 2-29 所示:

图 2 - 29

企业录入该手册对应的进出口报关单号,申报地海关、进出口标志会自动调出来,申报日期、进出口日期、核扣方式为选填项,可不录入。

企业录入完毕报关单后,点击"料件表",如图 2 - 30 所示:

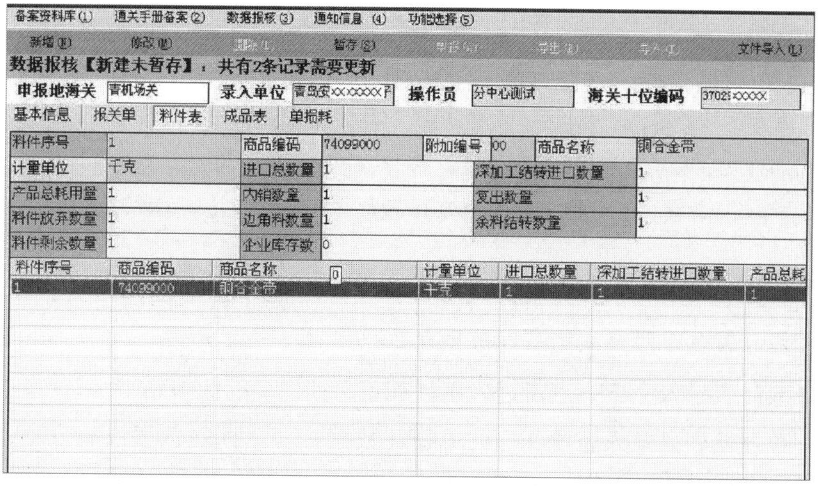

图 2 - 30

料件表各字段录入方法见表2-8：

表2-8

字段名称	填写规范
料件序号	必填项。最多9位数字。该序号即为通关备案料件表中的料件序号。
商品编码	不可填。输入料件序号后，由系统从通关备案料件表中调出。
附加编码	不可填。输入料件序号后，由系统从通关备案料件表中调出。
商品名称	不可填。输入料件序号后，由系统从通关备案料件表中调出。
计量单位	不可填。输入料件序号后，由系统从通关备案料件表中调出。
进口总数量	必填项。最多18位数字，整数13位，小数5位。
深加工结转进口数量	必填项。最多18位数字，整数13位，小数5位。
产品总耗用量	必填项。最多18位数字，整数13位，小数5位。
内销数量	必填项。最多18位数字，整数13位，小数5位。
复出数量	必填项。最多18位数字，整数13位，小数5位。
料件放弃数量	必填项。最多18位数字，整数13位，小数5位。
边角料数量	必填项。最多18位数字，整数13位，小数5位。
余料结转数量	必填项。最多18位数字，整数13位，小数5位。
料件剩余数量	必填项。最多18位数字，整数13位，小数5位。
企业库存数	必填项。最多18位数字，整数13位，小数5位。

料件表录入完毕，点击"成品表"进入，如图2-31所示。

成品表各字段录入填写规范见表2-9。

成品表录入完毕，点击进入单损耗表，如图2-32所示。

单损耗表只录入企业变更的单损耗数据，若单损耗数据没有变更，可不录入单损耗表。

基本信息、报关单、料件表、成品表、单损耗录入完毕，检查无误即可申报，如图2-33所示。

图 2-31

表 2-9

字段名称	填写规范
成品序号	必填项。最多9位数字。该序号即为通关备案成品表中的成品序号。
商品编码	不可填。输入料件序号后，由系统从通关备案成品表中调出。
附加编码	不可填。输入料件序号后，由系统从通关备案成品表中调出。
商品名称	不可填。输入料件序号后，由系统从通关备案成品表中调出。
计量单位	不可填。输入料件序号后，由系统从通关备案成品表中调出。
出口总数量	必填项。最多18位数字，整数13位，小数5位。
深加工结转出口数量	必填项。最多18位数字，整数13位，小数5位。
成品放弃数量	必填项。最多18位数字，整数13位，小数5位。
成品退换进口数量	必填项。最多18位数字，整数13位，小数5位。
企业库存数	必填项。最多18位数字，整数13位，小数5位。

图 2-32

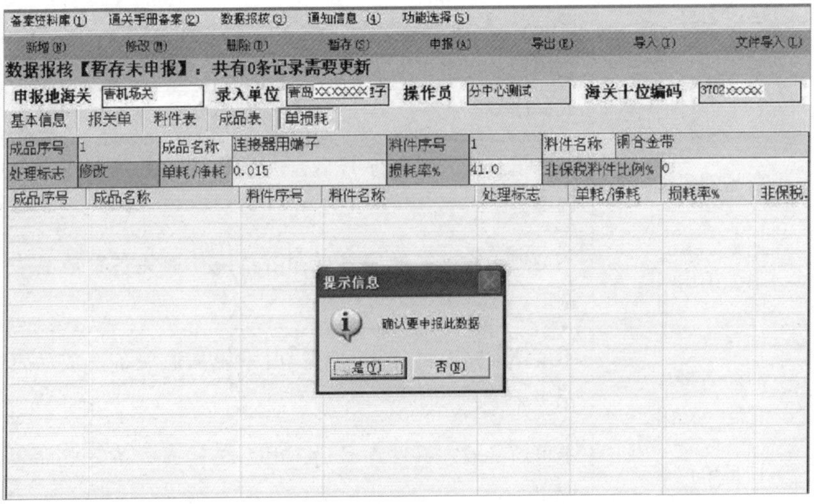

图 2-33

申报完毕,等待一段时间,海关会接收到数据,企业可联系海关审核。海关对企业申报的数据进行核算,核对企业报核的料件、成品进出口情况与海关底账数据是否一致,数据无误,方可核销。核销通过后,手册结案,该通关备案执行完毕,如图 2-34 所示。

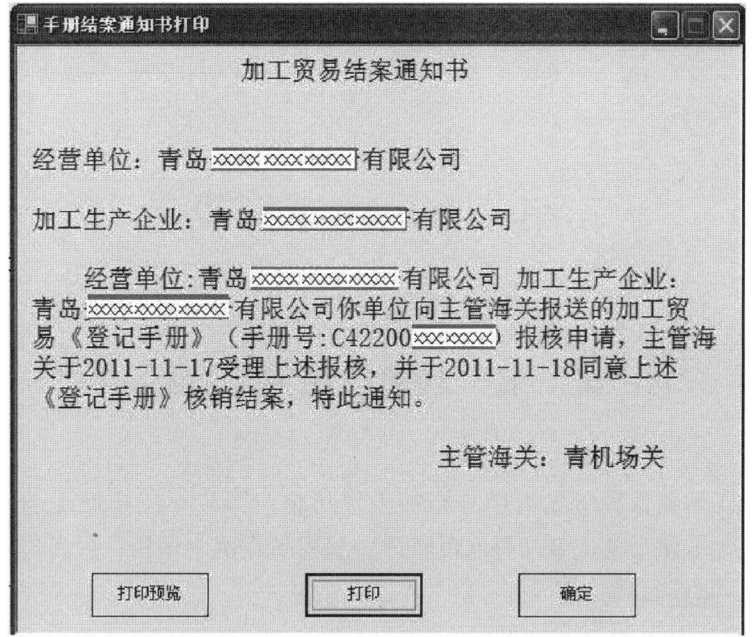

图 2-34

第三节 注意事项

1. 备案资料库编号是以 HS 开头，共 12 位。企业后期备案手册时需要调用备案资料库中已经备案的料件或者成品信息。

2. 一个企业一般备案一个备案资料库，企业可对备案资料库的内容进行变更和新增。

3. "平衡检查"功能是系统提供给企业检查数据录入合法性的辅助性工具。平衡检查中出现很小的差额率是正常的，不影响企业申报。企业申报通关手册备案后，海关审核时会确认该差额是否合理并给出审核结果。

4. 企业在录入基本信息中的"单耗申报环节"和成品表中的"申报状态"时要注意前后匹配。例如企业单耗申报环节选择"备案"时，申报状态不能选择"企业不申报"，否则会被系统自动退单。单耗申报环节选择"出口前"或"报核前"，申报状态可选择"企业申报"或"企业不申报"。

第三章 内销征税

第一节 内销征税系统介绍

加工贸易保税货物内销是指加工贸易企业因故不能按规定加工复出口，而需要将全部或者部分保税料件、制成品在国内销售，或者转用于生产内销产品的行为。

保税加工货物转内销应经商务主管部门审批，加工贸易企业凭"加工贸易保税进料内销批准证"、"加工贸易内销征税联系单"办理内销料件正式进口报关手续，缴纳进口税（包括关税、增值税、消费税）和缓税利息。保税加工货物属进口许可证管理的，企业还应按规定向海关补交进口许可证件，边角料对应的原进口料件属进口许可证管理的，免于申请进口许可证件，属于环保部门签发《进口废物批准证书》管理范围的免领该批准证书；申请内销的剩余料件，如果金额占该加工贸易合同项下实际进口料件总额3%以下且总值在人民币1万元以下的，免于审批，免于交验许可证件。

企业可通过电子口岸预录入系统中的内销征税向海关申报内销征税联系单，海关审核后产生内销征税联系单号。

第二节 内销征税实务操作及技巧

一、系统登录

进入WINDOWS操作系统，将企业操作员IC卡插入连接在电脑上的

IC卡读卡器中,或将操作员IKEY卡插入电脑的USB接口。当IC卡和IKEY卡同时使用时,IC卡优先。

从WINDOWS桌面上双击电子口岸预录入系统,出现系统登录界面,输入电子口岸卡密码登录,如图3-1所示:

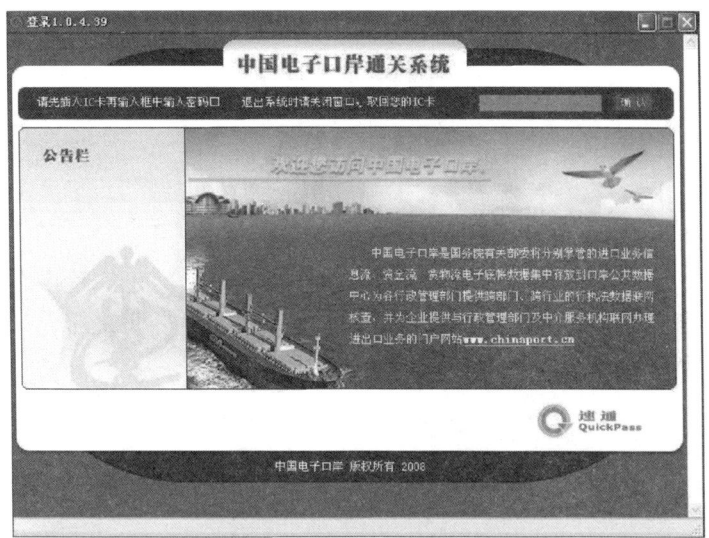

图 3-1

输入口令(密码),点击确认,进入系统选择页面。如图3-2所示:

图 3-2

点击"内销征税申报",进入"内销征税申报"子系统界面,如图3-3所示:

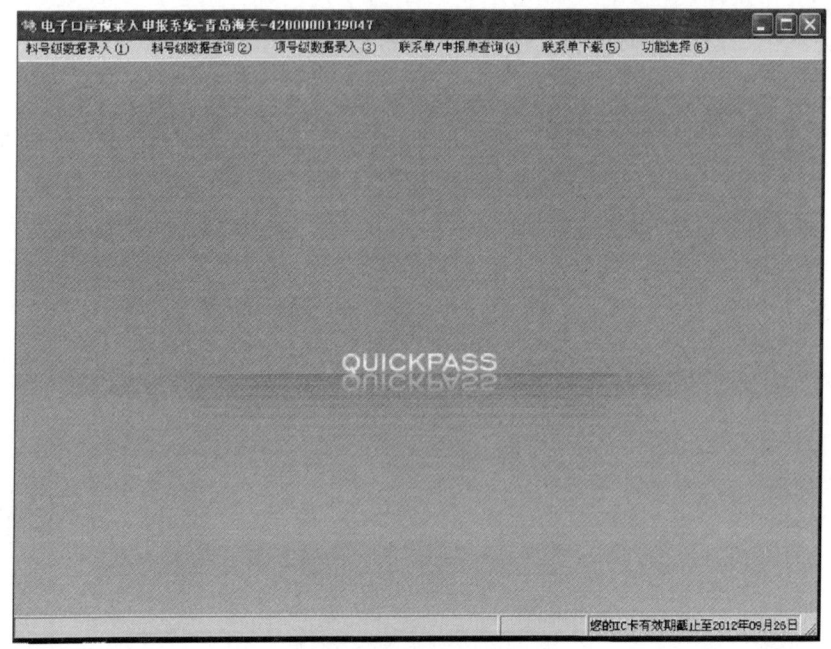

图3-3

二、内销征税联系单实务操作及技巧

内销征税联系单分为料号级和项号级两种录入方式,下面介绍项号级内销征税联系单操作流程。

在系统界面上方的功能菜单栏上,点击"项号级数据录入",进入"项号级数据录入"表头界面,如图3-4所示。

表头数据各字段填写规范见表3-1。

用户尽量不要使用鼠标点击表头字段,建议直接使用回车键到底,会自动暂存表头数据,并进入折料内销表体录入界面,如图3-5所示。

折料内销表体填写规范见表3-2。

第三章 内销征税

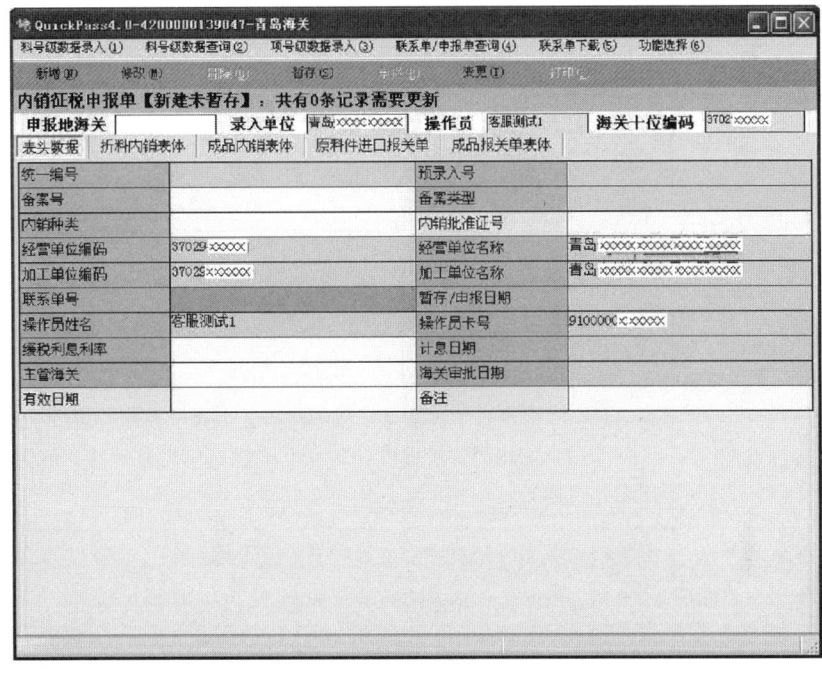

图3-4

表3-1

字段名称	填写规范
统一编号	不可填。由系统返填。
预录入号	不可填。申报后由系统返填。
备案号	必填项。填写相应的审批通过的电子手册或电子账册号。
备案类型	输入"备案号"后,由系统自动调出,不可修改。
内销种类	必填项。分为折料件内销、边角料内销、成品内销3种。可敲空格键调出代码表,选中代码即可。
内销批准证号	非必填项。
经营单位编码	由系统自动调出,不可修改。
经营单位名称	由系统自动调出,不可修改。
加工单位编码	由系统自动调出,不可修改。
加工单位名称	由系统自动调出,不可修改。
联系单号	不可填。项号级数据经海关审批通过后,由系统自动返填该字段。

续表

字段名称	填写规范
暂存/申报日期	由系统自动生成，不可修改。暂存成功后自动生成暂存日期；申报成功后自动生成申报日期。
操作员姓名	不可填。由系统自动调出。
操作员卡号	不可填。由系统自动调出。
缓税利息利率	项号级数据经海关审批通过后，由系统自动返填该字段。分为贷款和活期利率两种。
计息日期	不可填。项号级数据经海关审批通过后，由系统自动返填该字段。一般为该批货物的首次进口日期（电子账册已经核销的一般为上次核销日期）。
主管海关	必填项，填写内销对应的主管海关4位代码。
海关审批日期	不可填。由系统自动返填海关审批通过该票单据的日期。
有效日期	选填项。
备注	选填项，可填写表格内项目未尽事宜。

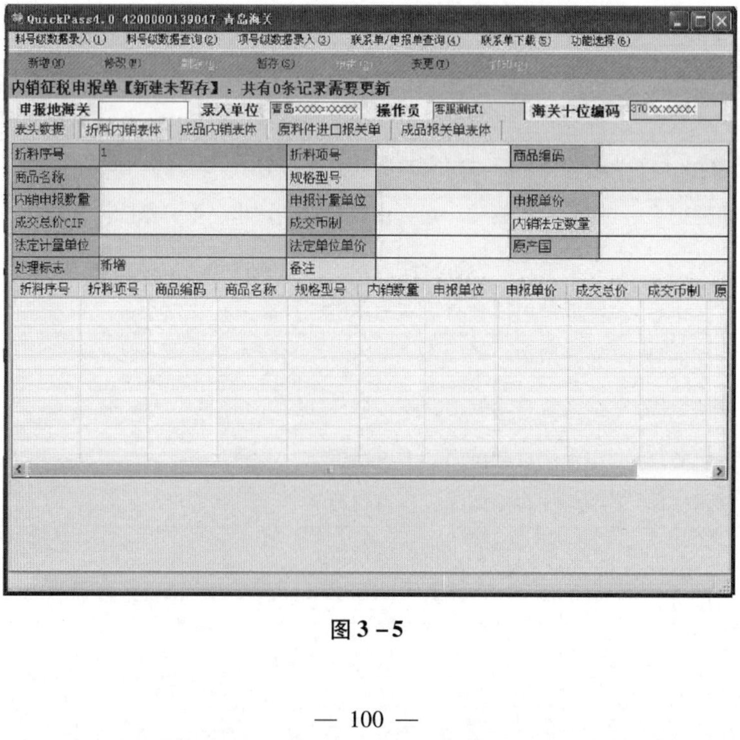

图 3-5

表 3-2

字段名称	填写规范
折料序号	不可填。由系统自动顺序生成。
折料项号	必填项。该料件项号（即归并后数据的序号）须存在于审批通过的加贸手册、无纸化手册或电子账册中。
商品编码	录入项号，由系统自动调出手册或电子账册中的备案内容。可修改。
商品名称	录入项号，由系统自动调出手册或电子账册中的备案内容。可修改。
规格型号	必填项，填写对应的规格型号。
内销申报数量	必填项，填写内销数量。
申报计量单位	必填项，填写内销计量单位。
申报单价	必填项，填写内销单价。
成交总价 CIF	必填项，填写总价。
成交币制	必填项。
内销法定数量	必填项。若企业的申报计量单位与法定计量单位一致，则在录入内销申报数量后，系统自动生成内销法定数量，与内销申报数量一致；若企业的申报计量单位与法定计量单位不一致，则企业需自己录入内销法定数量。
法定计量单位	由系统根据备案信息自动生成。
法定单位单价	必填项。
原产国	必填项。
处理标志	必填项，系统自动生成。
备注	选填项，可填写表格内项目未尽事宜。

　　料件内销表体填写完成后，可点击暂存，也可直接按回车键，提示数据保存成功后，进入成品内销表体录入界面，如图 3-6 所示。

　　成品内销表体填写方法见表 3-3。

　　成品内销表体填写完成后，可点击"暂存"，也可直接按回车键，数据都保存成功，进入原料件进口报关单录入界面，如图 3-7 所示。

电子口岸实务操作与技巧——加贸篇

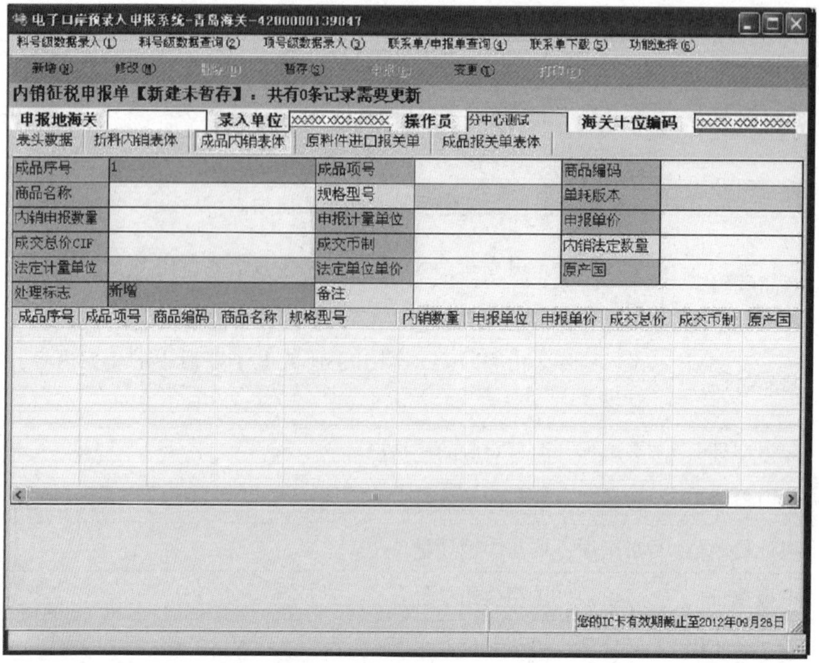

图 3-6

表 3-3

字段名称	填写规范
成品序号	不可填。由系统自动顺序生成。
成品项号	必填项。该料件项号（即归并后数据的序号）须存在于审批通过的加贸手册、无纸化手册或电子账册中。
商品编码	录入项号，由系统自动调出手册或电子账册中的备案内容。可修改。
商品名称	录入项号，由系统自动调出手册或电子账册中的备案内容。可修改。
规格型号	必填项，由系统自动调出，可修改。
单耗版本	不可填写。
内销申报数量	必填项，填写内销数量。
申报计量单位	必填项，填写内销计量单位。
申报单价	必填项，填写内销单价。

续表

字段名称	填写规范
成交总价 CIF	必填项，填写总价。
成交币制	必填项。
内销法定数量	必填项。若企业的申报计量单位与法定计量单位一致，则在录入内销申报数量后，系统自动生成内销法定数量，与内销申报数量一致；若企业的申报计量单位与法定计量单位不一致，则企业需自己录入内销法定数量。
法定计量单位	由系统根据备案信息自动生成。
法定单位单价	必填项。
原产国	必填项。
处理标志	必填项。
备注	选填项，可填写表格内项目未尽事宜。

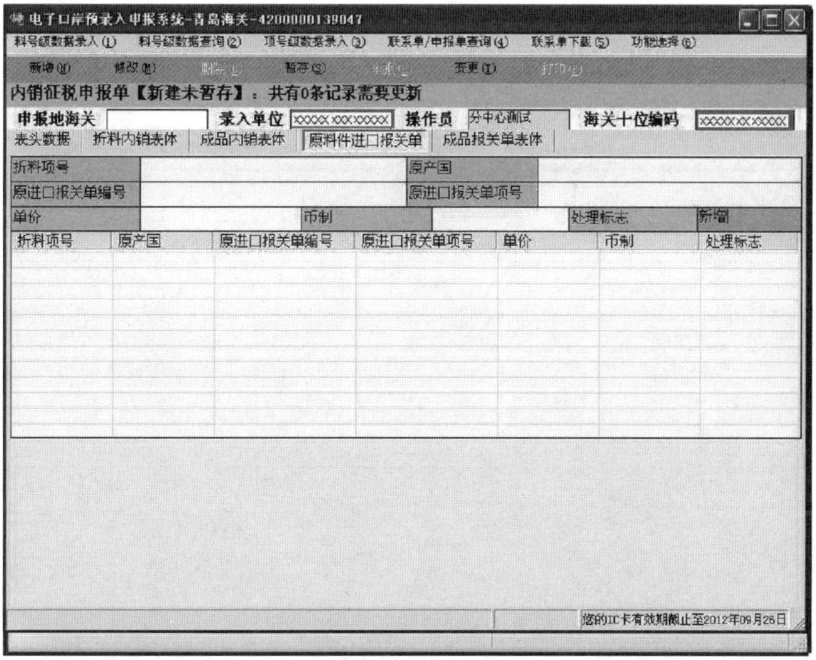

图 3-7

原料件进口报关单各字段填写规范见表3-4：

表3-4

字段名称	填写规范
折料项号	必填项。填写该料件存在于审批通过的无纸化手册或电子账册料件表中的序号。
原产国	必填项。填写该料件的原产国。
原进口报关单编号	填写该料件进口时的报关单编号。
原进口报关单项号	填写该料件进口时在进口报关单上所填写的商品排列序号。
单价	必填项。填写该料件进口实际成交的单位价格。
币制	填写该料件进口时价格的计价币制。
处理标志	不可填，由系统自动生成。

成品内销表体填写完成后，可点击暂存，也可直接按回车键，数据都保存成功，进入成品报关单表体录入界面，如图3-8所示：

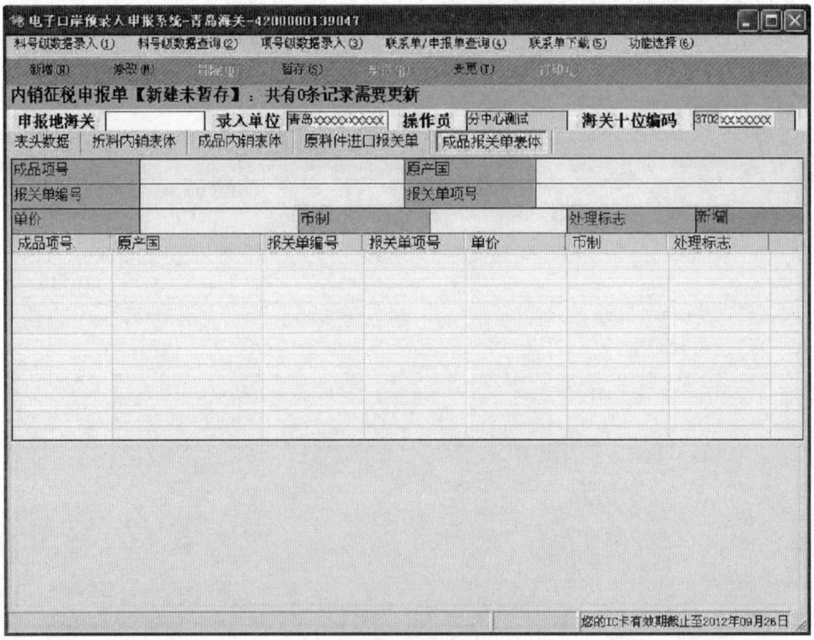

图3-8

成品报关单表体各字段填写规范见表3-5：

表3-5

字段名称	填写规范
成品项号	必填项。填写该成品存在于审批通过的无纸化手册或电子账册料件表中的序号。
原产国	必填项。填写该成品的原产国。
报关单编号	必填项。
报关单项号	必填项。
单价	必填项。填写单价。
币制	必填项。
处理标志	不可填，由系统自动生成。

用户若需修改表体内容，可在料件或成品表体列表框中，点击右键，并根据情况分别选择如下操作：选择新增一条记录，可新增一条表体记录；选中某条记录后，点击右键，选择删除一条记录，可删除一条表体记录。

数据录入完毕，企业点击"申报"按钮完成申报工作。数据申报后企业可在系统界面上方的功能菜单上，点击"联系单/申报单查询"，进入联系单/申报单查询界面，如图3-9所示：

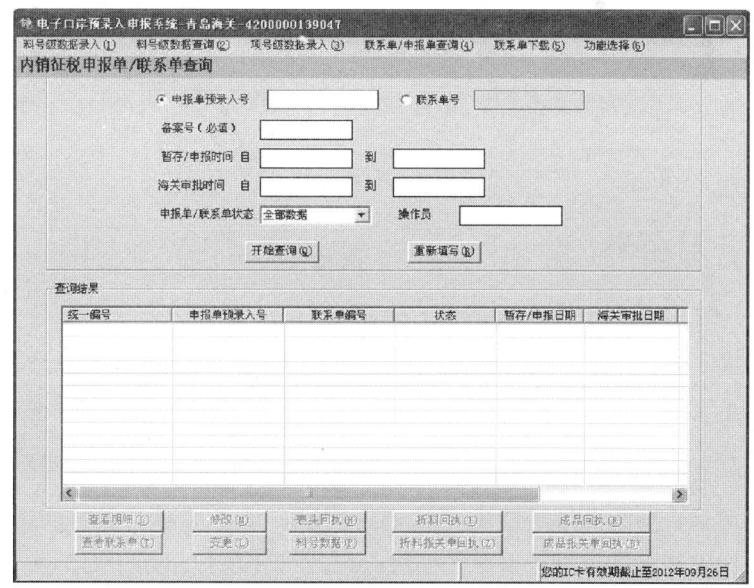

图3-9

查询条件中有关字段说明如下：

备案号：填写账册或手册备案号。

联系单号：海关审批通过后，才可用该字段进行查询。

申报单/联系单状态：用户可根据单据状态来设定查询条件。包括如下状态：暂存、已申报（入数据中心库、入海关库、海关电子审批通过）、处理失败（即申报未成功）、退单、审批通过（海关人工审批通过）全部数据。

输入相应的查询条件后，点击"开始查询"按钮，下方即可显示所有符合查询条件的查询结果。若不输入查询条件，则默认显示全部数据。如图3-10所示：

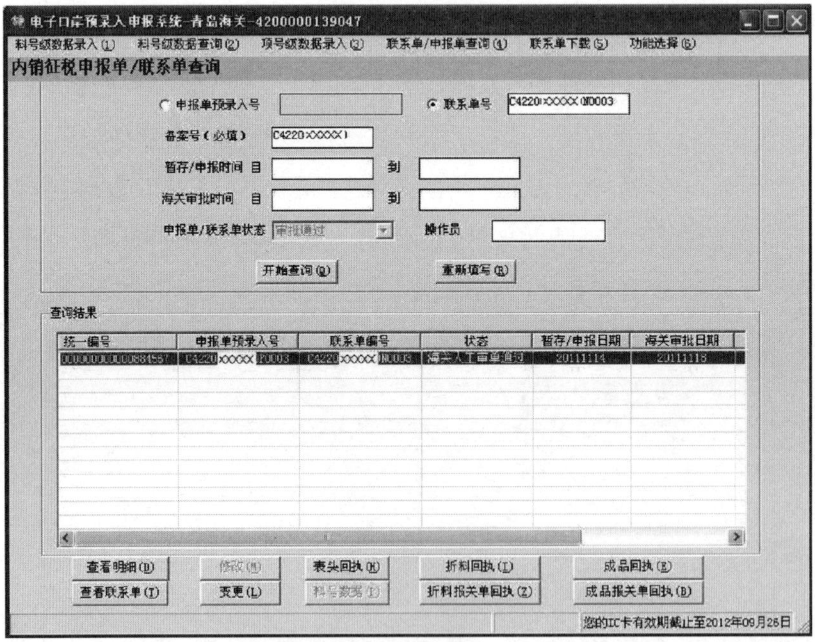

图 3-10

选中查询结果中某票数据后，可相应进行查看明细、修改、变更、查看表头回执、查看料件回执、查看成品回执、查看料号数据等操作。其中，点击查看明细按钮可查看该票数据明细，但不能对其进行任何操作。修改按钮用于对未申报或退单数据进行修改。变更按钮用于对海关审批通过的数据进行修改。若该票单据被退单，可点击查看"表头回执"、"料件回执"和"成品回执"按钮，查看退单原因。

点击"查看表头数据"按钮，显示结果如图 3–11 所示：

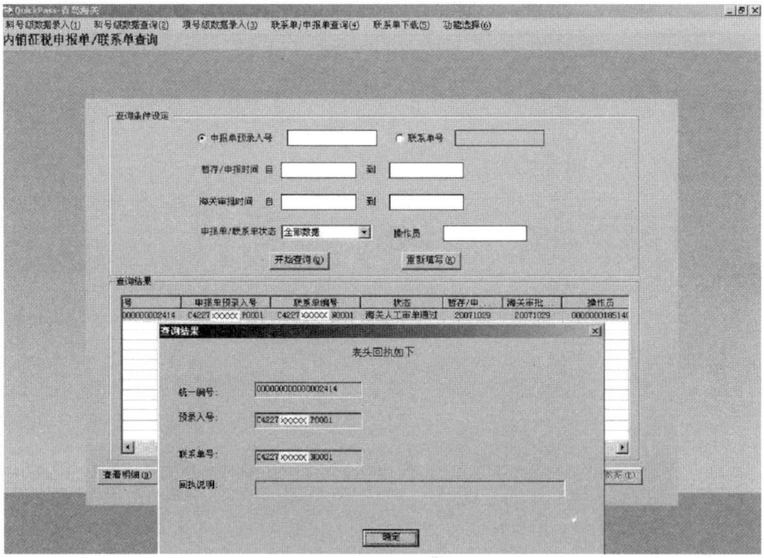

图 3–11

点击"料件回执"，显示结果如图 3–12 所示：

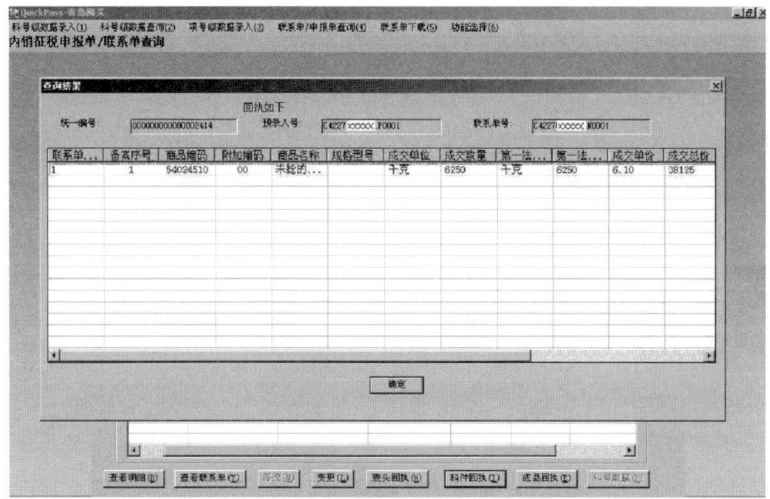

图 3–12

三、内销征税报关实务操作及技巧

内销征税联系单海关审核通过后,企业可使用该联系单内销报关。使用无纸化手册的企业与使用电子账册的企业在内销报关时,操作方法有所不同,下面分别讲述这两类企业的内销征税报关方法。

(一)无纸化手册企业内销报关方法

企业点击报关申报子系统,在报关单菜单下选择"进口报关单",如图3-13所示:

图 3-13

进入报关单录入界面后,首先录入申报地海关、预录入编号等信息,如图3-14所示。

报关单的表头信息按照报关单录入规范录入,企业需要在"随附单证"中录入内销征税联系单号。首先在"随附单证代码"一栏录入小写c,选择"加工贸易内销征税联系单",如图3-15所示。

录入完毕"随附单证代码"后,在"随附单证编号"一栏中录入海关

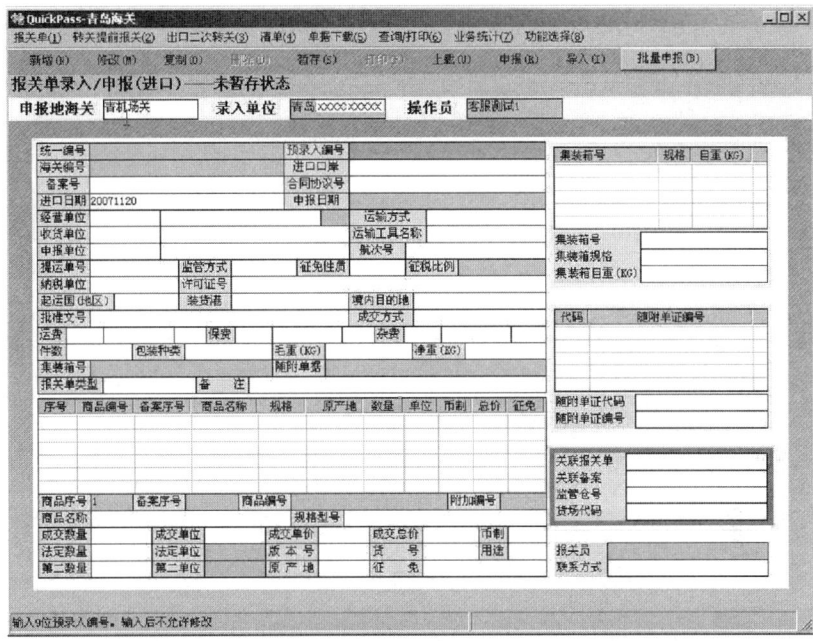

图 3-14

图 3-15

审批通过的"内销联系单号",如图3-16所示:

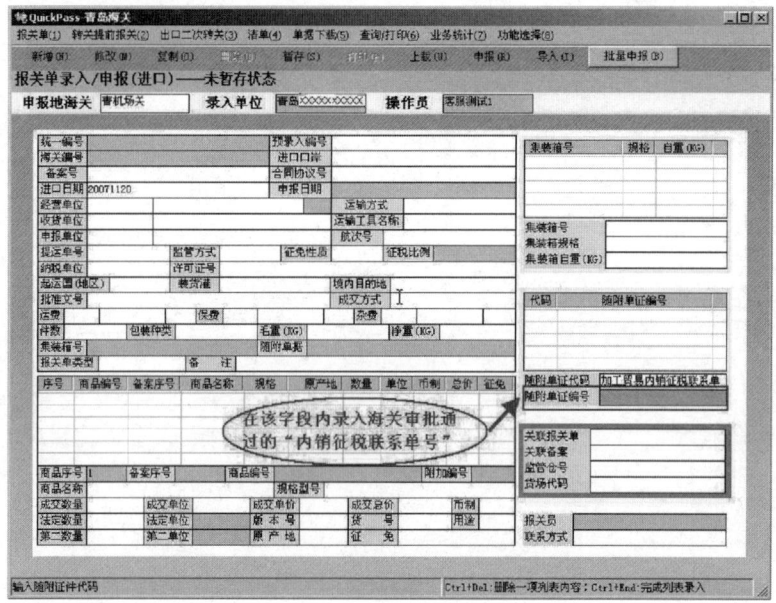

图3-16

填写完"随附单证编号"后按回车键,即可调出该联系单的所有料件内销表体数据。如图3-17所示:

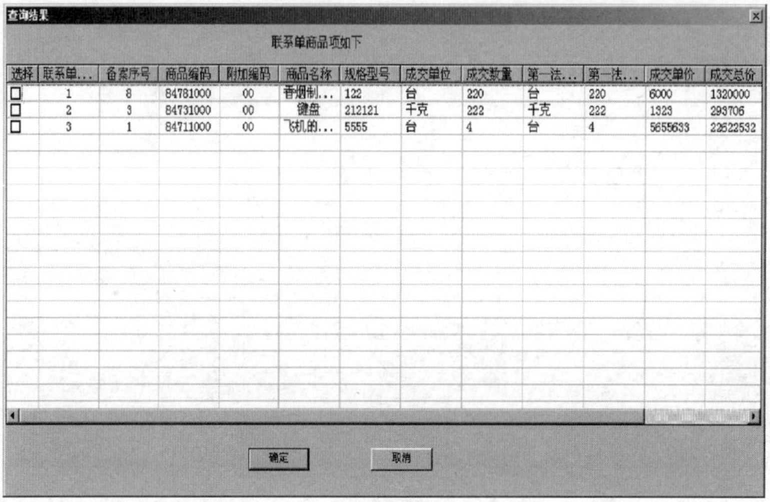

图3-17

用户可从中选择本次报关的数据（也可全选），选出的数据将覆盖原报关单表体数据。此时，报关单表头中的"备案号"和"监管方式"不可修改，表体中除"版本号"、"货号"、"用途"、"征免"之外也不可修改。

报关单录入完毕后即可向海关申报，等待海关审单。

（二）电子账册企业内销报关方法

电子账册企业在报关前先录入申报清单，清单拆分后，通过"查询/打印"中的"清单查询/打印"，查询到清单生成的报关单数据，再继续录入、申报报关单数据。如图 3-18 所示：

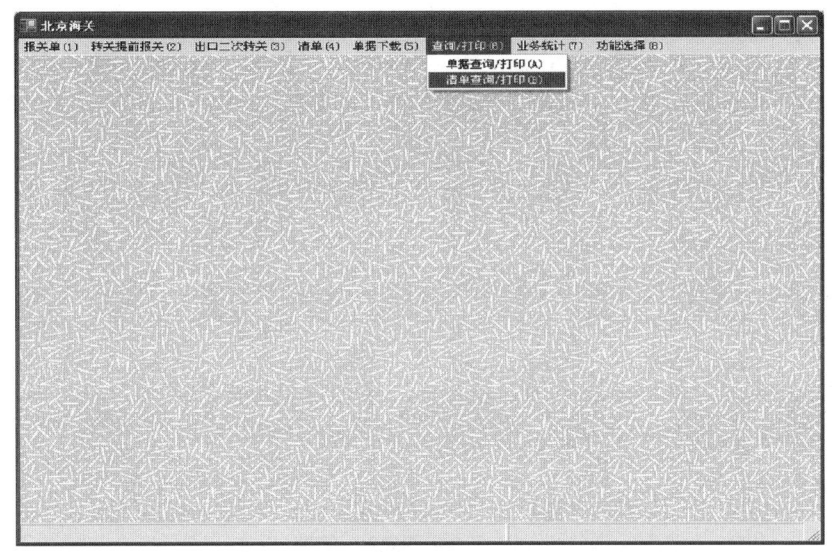

图 3-18

在查询界面的"查询类型"中选择"查询大清单"，再输入其他相应的查询条件后，点击开始查询，即可查询出所有符合条件的清单。如图 3-19 所示。

选中某票清单，再点击图 3-19 下方的"清单报关单列表"，即显示该清单生成的报关单列表。如图 3-20 所示。

选中清单生成的报关单，点击"查看明细"，即可进入报关单录入界面。企业需在随附单证一栏中填入"加工贸易内销征税联系单"和"内销联系

电子口岸实务操作与技巧——加贸篇

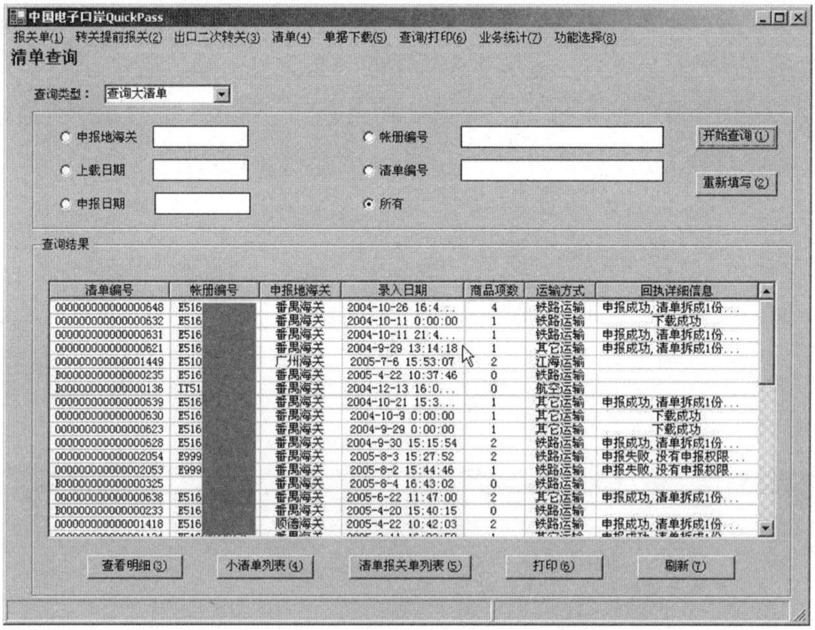

图 3-19

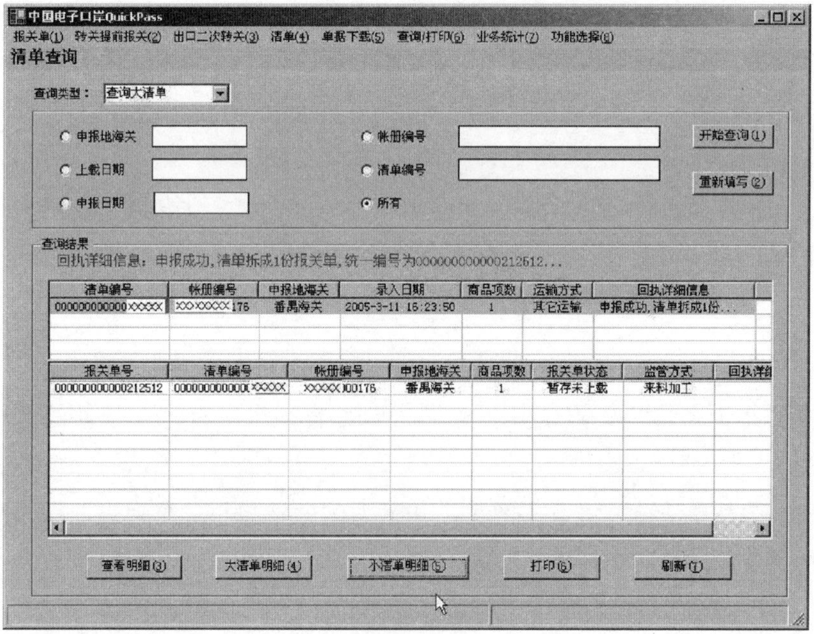

图 3-20

单号",如图 3-21 所示:

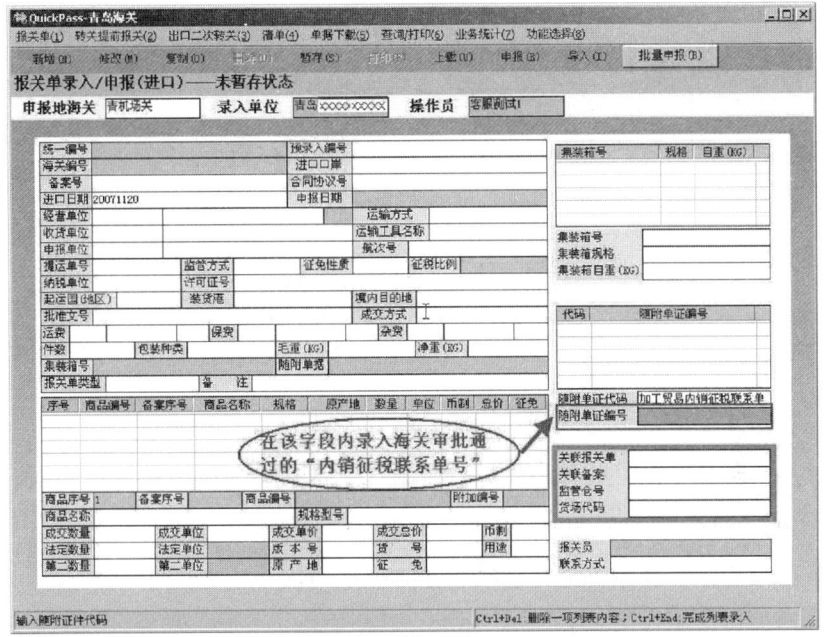

图 3-21

此外,电子账册企业在海关同意的前提下,也可直接录报关单。报关单详细填制方法见附件 1。报关单录入完毕即可向海关申报。

第三节 注意事项

1. 企业需要注意原产国这个字段的录入,当内销方式为边角料内销、成品内销时,原产国为"中国",当内销方式为料件内销时,原产国为料件进口国。

2. 内销种类是"折料件内销"或"边角料内销",则申报时必须有料件表体,如果内销种类是"成品内销",则申报时必须有成品表体。原料进口报关单表和成品报关单表根据当地海关要求,选择录入。

第四章 保税仓库

第一节 保税仓库系统介绍

保税仓库,是指经海关批准设立的专门存放保税货物及其他未办结海关手续货物的仓库。保税仓库按照使用对象不同分为公用型保税仓库和自用型保税仓库。

公用型保税仓库由主营仓储业务的中国境内独立企业法人经营,专门向社会提供保税仓储服务。

自用型保税仓库由特定的中国境内独立企业法人经营,仅存储供本企业自用的保税货物。

根据所存货物的特定用途,上述两种保税仓库下还衍生出一种专用型保税仓库,即专门用来存储具有特定用途或特殊种类商品的称为专用型保税仓库,包括液体危险品保税仓库、备料保税仓库、寄售维修保税仓库和其他专用型保税仓库。液体危险品保税仓库,是指符合国家关于危险化学品仓储规定的,专门提供石油、成品油或者其他散装液体危险化学品保税仓储服务的保税仓库。

备料保税仓库,是指加工贸易企业存储为加工复出口产品所进口的原材料、设备及其零部件的保税仓库,所存保税货物仅限于供应本企业。寄售维修保税仓库,是指专门存储为维修外国产品所进口寄售零配件的保税仓库。

第二节 保税仓库实务操作及技巧

一、系统登录

将企业的 IC 卡插入连接在电脑上的 IC 卡读卡器中,或将操作员的 IKEY 卡插入电脑的 USB 接口。当 IC 卡和 IKEY 卡同时使用时,IC 卡优先。

双击电脑桌面上的"电子口岸预录入客户端"程序图标,如图 4-1 所示:

图 4-1

确认电子口岸读卡器及电子口岸卡已正常连接,输入企业的电子口岸操作员卡密码,点击"确认"进入系统,点击"保税仓库"子系统,进行保税仓库业务操作,如图 4-2 所示。

图4-2

二、经营范围备案/变更实务操作及技巧

企业在向海关申请建立保税仓库电子账册之前,须先建立保税仓库经营范围。

(一)如何备案保税仓库经营范围

点击"经营范围"中的"备案申请",如图4-3所示。

企业首先录入经营范围表头数据,如图4-4所示。

经营范围表头各字段填写规范见表4-1。

基本信息录入完毕,录入经营范围商品信息。企业录入进口商品的前4位商品编码,按回车键后,系统调出商品信息,选中要备案的商品信息,点击确定,如图4-5所示。

图 4–3

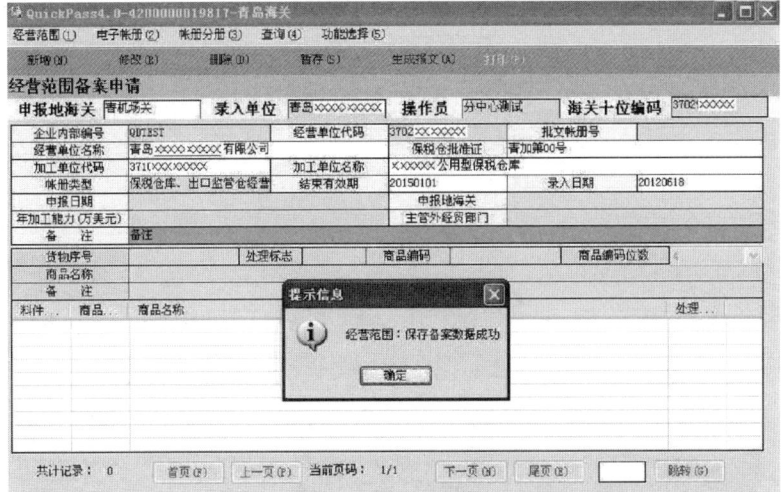

图 4–4

表 4–1

字段名称	填写规范
企业内部编号	内部编号中一般使用英文和数字，不能出现特殊字符，海关通过"企业内部编号"+"经营单位代码"确定单证的唯一性，企业应使用有自己特点的编号。
经营单位代码	录入保税仓库经营企业海关10位代码。

续表

字段名称	填写规范
账册号	不可填,海关审核后自动返填。
经营单位名称	录入经营单位代码后自动调出。
保税仓库批准证	录入主管海关核发的电保税仓库批准证书编号。
加工单位代码	录入加工单位海关10位代码。
加工单位名称	录入加工单位代码后自动调出。
账册类型	不可填,系统自动产生。
结束有效期	录入保税仓库账册的使用有效期,格式为YYYYMMDD。
批准日期	不可填,海关审核通过后自动返填。
申报日期	企业申报后自动返填。
申报地海关	不可填。
年加工能力	不可填。
主管外经贸部门	不可填。
备注	选填项,填写海关或企业需要说明的其他内容。

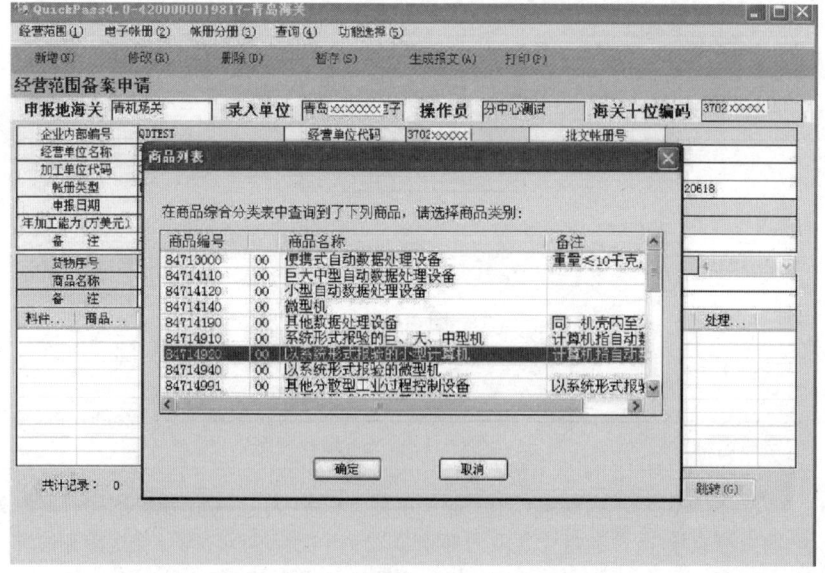

图 4-5

商品信息录入完毕，检查无误，点击"生成报文"，如图4-6所示，点击"是"完成申报。

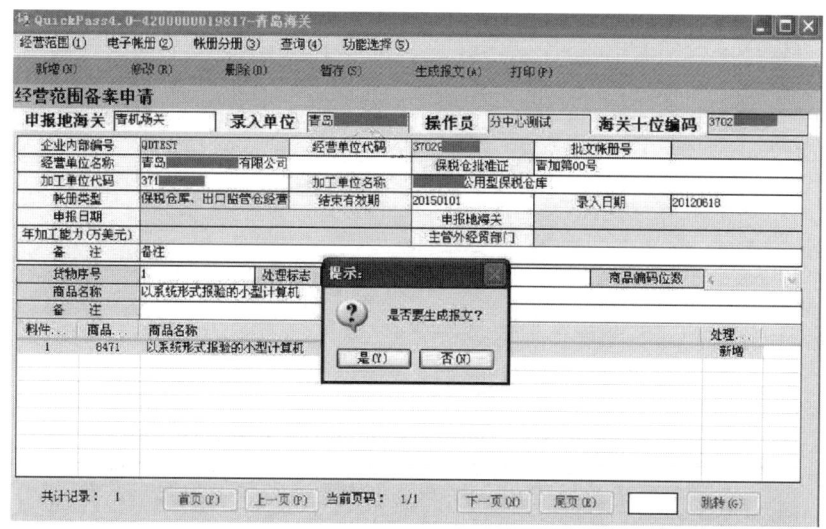

图4-6

生成报文成功后，一般半小时左右，海关可收到企业申报信息，企业联系海关审核后，生成以"IK"开头的保税仓库经营范围账册编号。

（二）如何变更保税仓库经营范围

若企业要进口的商品前4位HS编码在经营范围中未备案，企业首先要对经营范围变更，增加该项商品。

企业点击经营范围中的"变更申请"，如图4-7所示。

在批文账册号中录入要变更的经营范围IK账册号，按回车键后系统提示"确认要修改该数据"，如图4-8所示。

选择"是"后，进入到数据修改页面，企业按照经营范围货物备案的录入方法，新增商品信息后保存并申报，联系海关审核通过后，数据生效，经营范围变更操作完成。

图 4-7

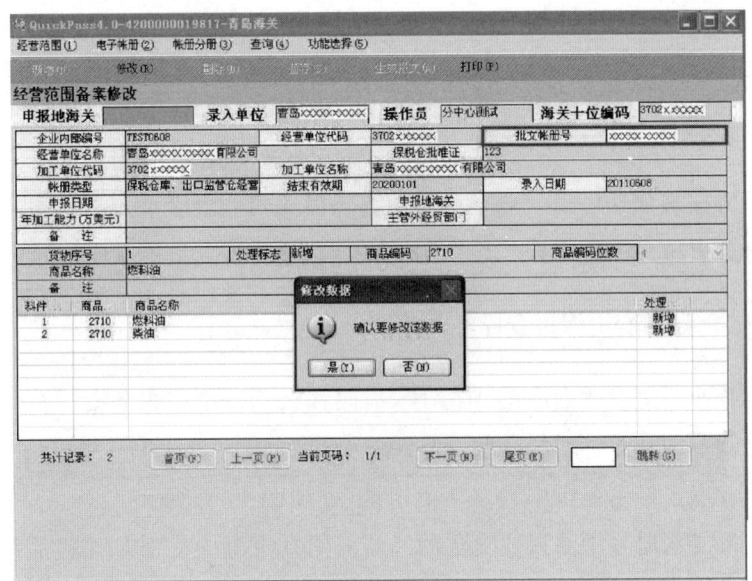

图 4-8

三、电子账册备案/变更实务操作及技巧

保税仓库电子账册分为备案式电子账册（K 账册）和记账式电子账册（J 账册）。

(一) 如何备案保税仓库电子账册

经营范围审核通过后,企业进入保税仓库子系统,点击"电子账册"中的"备案申请",如图4-9所示:

图4-9

首先录入电子账册表头信息,如图4-10所示:

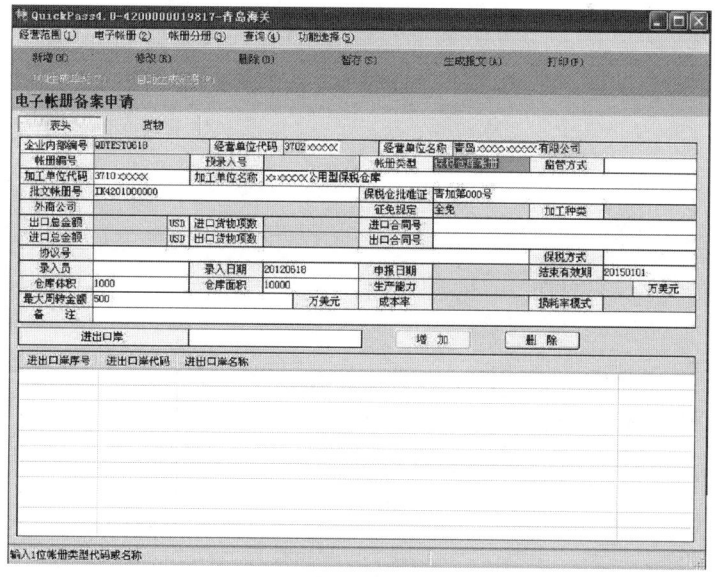

图4-10

电子账册表头各字段录入规范见表4－2：

表4－2

字段名称	填写规范
企业内部编号	内部编号中一般使用英文和数字，不能出现特殊字符，海关通过"企业内部编号"+"经营单位代码"确定单证的唯一性，企业应使用有自己特点的编号。注意：不能与经营范围的企业内部编号一致。
经营单位代码	录入保税仓库经营企业海关10位代码。
经营单位名称	录入经营单位代码后自动调出。
账册编号	不可填，海关审核后自动返填。
预录入号	不可填。
账册类型	由系统自动生成。
监管方式	选填项，根据海关要求填写。一般为空。
加工单位代码	录入保税仓库企业海关10位代码。
加工单位名称	录入加工单位代码后自动调出。
批文账册号	录入经营范围海关审核后产生的IK账册号。
保税仓批准证	录入主管海关核发电子保税仓库批准证书编号。
外商公司	选填项，录入外商公司名称，一般为空。
征免规定	不可填，系统自动返填"全免"。
加工种类	不可填。
出口总金额	不可填。
进口货物项数	不可填。
进口合同号	选填项，一般为空。
进口总金额	不可填。
出口货物项数	不可填。
出口合同号	选填项，一般为空。
协议号	选填项，一般为空。
保税方式	选填项，一般为空。
录入员	选填项，一般为空。

续表

字段名称	填写规范
录入日期	由系统根据计算机日期自动生成。
申报日期	数据申报后由系统自动产生。
结束有效期	录入保税仓库账册的有效期,格式为 YYYYMMDD。
仓库体积	选填项,根据企业自身情况填写。
仓库面积	选填项,根据企业自身情况填写。
生产能力	不可填。保税仓库企业没有生产能力。
最大周转金额	根据企业自身情况填写,注意单位为万美元。
成本率	不可填。
损耗率模式	不可填。
备注	选填项,填写海关或企业需要说明的其他内容。
进出口岸	选填项,货物进出口岸。一般为空。

表头信息录入完毕,继续录入货物信息,料件序号由系统自动顺序产生,货号为选填项,一般不必录入。录入商品编码后,系统自动调出相关商品信息,选择企业要备案的商品,点击"确定",如图 4-11 所示:

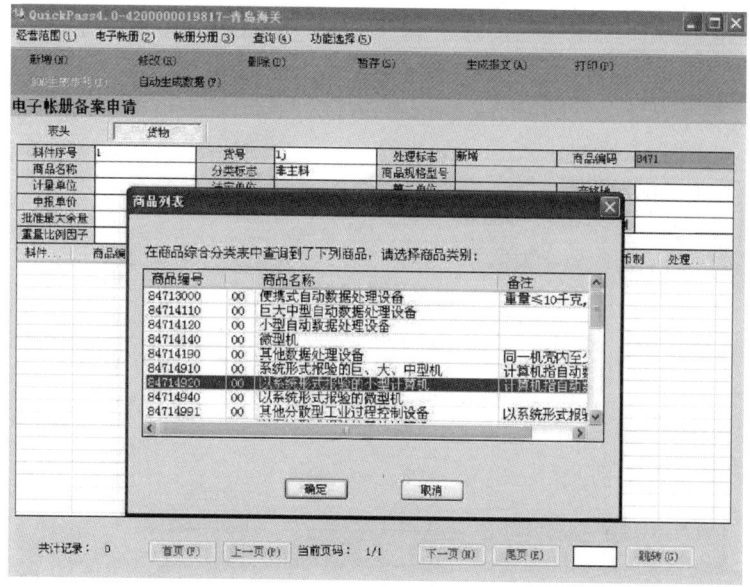

图 4-11

根据商品规范申报的要求，填写商品申报要素，如图4-12所示：

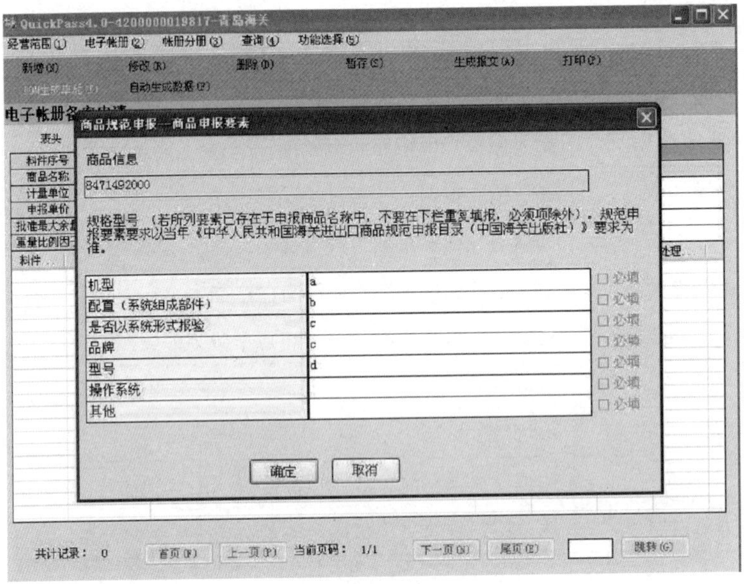

图4-12

货物信息录入完毕，检查无误后，点击"生成报文"向海关申报，如图4-13所示：

图4-13

数据申报后一般半小时左右海关会接收到数据,企业联系海关审核,审核通过后生成以"K/J"开头的保税仓库电子账册编号,保税仓库电子账册正式建立。

(二) 如何变更保税仓库电子账册

电子账册的变更分为修改已备案货物信息和新增货物信息。企业新增货物信息时注意要确认该货物 HS 编码的前 4 位编码是否在经营范围中已经备案,若未备案,需先变更经营范围(变更方法见本章第 3 节),若已在经营范围中备案则直接变更电子账册即可。电子账册变更方法如下:

企业点击"电子账册"中的"变更申请",如图 4 - 14 所示:

图 4 - 14

在账册编号中输入保税仓库 K/J 账册号,按回车键后系统出现"确认要修改该数据"的提示,如图 4 - 15 所示。

选择"是"后,系统进入到账册变更页面,企业可新增商品信息或者输入已备案的商品序号修改商品信息(录入方法同账册备案)。数据录入完毕,检查无误后,生成报文向海关申报,联系海关审核通过后,变更数据生效。

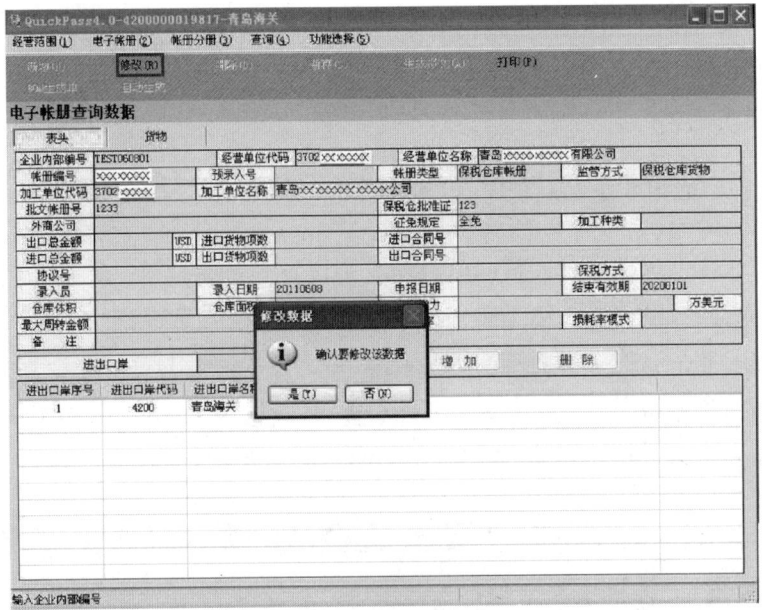

图 4-15

四、保税仓库报关申报实务操作及技巧

保税仓库货物报关分为两大类,进仓报关和出仓报关。进仓报关是指货物由境外报关进入保税仓库存储。出仓报关又可分为两类:出仓出口报关和出仓进口报关。出仓出口报关是指保税仓库货物复运出境。出仓进口报关是指出仓到其他地方,转为正式进口货物。此类报关需要同时申报两张报关单:一张为出口报关单,用以办结出仓手续,报关单监管方式为"1 200";一张为进口报关单,用以办结进口申报手续。

企业点击报关申报子系统,在备案号录入海关审核后的以"K/J"开头的账册编号,按回车键后,系统会自动调出经营单位和收货单位信息,企业继续补充录入报关单表头数据,如图4-16所示。

报关单基本信息录入完毕后,继续录入报关单商品信息,企业在备案序号处录入已备案商品序号,即可调出企业已备案的商品信息,如图4-17所示。补充完毕其他信息后即可向海关申报报关单。报关单各字段的详细填写规范见附件1。

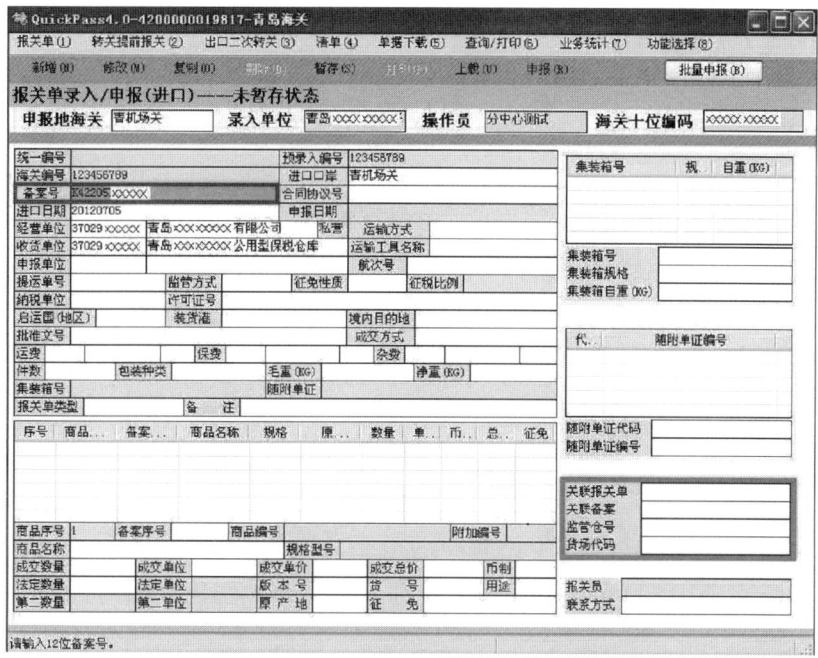

图 4-16

图 4-17

第三节 注意事项

1. 如果企业第一次变更保税仓库备案信息时提示"该卡无数据操作权限",需联系当地数据分中心解决。

2. 需要注意,保税仓库电子账册未建立之前,企业无法变更经营范围备案数据。

3. 企业在申报保税仓库备案数据之前,需要先联系当地数据分中心配置 MQ,否则无法正常传输数据。

第五章 深加工结转

第一节 深加工结转系统介绍

深加工结转是指加工贸易企业将进口的保税料件加工成半成品或成品后,不直接出口,而是结转至另一加工贸易企业继续进行保税加工的经营活动。

深加工结转流程分为深加工结转备案申请、收发货登记、结转报关三个环节,办理流程如图5-1所示:

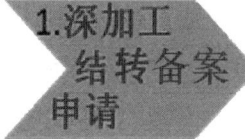

图5-1

第二节 深加工结转实务操作及技巧

一、系统登录

将企业的IC卡插入连接在电脑上的IC卡读卡器中,或将操作员的IKEY卡插入电脑的USB接口。当IC卡和IKEY卡同时使用时,IC卡优先。

双击电脑桌面上的"电子口岸预录入客户端"程序图标,如图5-2所示。

图 5–2

确认电子口岸读卡器及电子口岸卡已正常连接，输入企业的电子口岸操作员卡密码，点击确认进入系统，点击"深加工结转"子系统，进行深加工结转业务操作，如图 5–3 所示：

图 5–3

二、深加工结转申请表备案实务操作及技巧

加工贸易企业开展深加工结转，转入、转出企业应当通过中国电子口岸预录入平台深加工结转系统向各自主管海关提交保税加工深加工结转申请表，申报结转计划。

（一）如何备案转出备案

在界面的功能菜单上，点击“申请表备案”中的“转出备案”，进入“转出备案申请”界面，如图5－4所示：

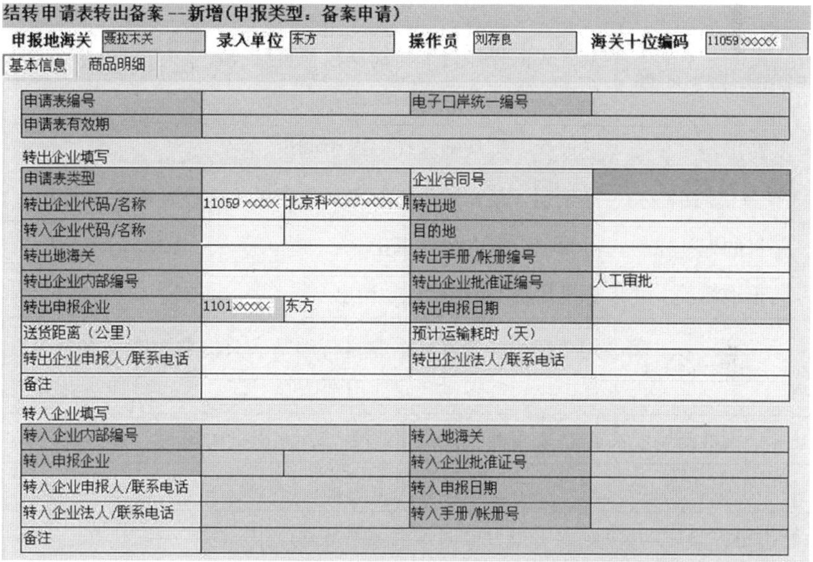
结转申请表转出备案 --新增(申报类型：备案申请)

申报地海关 戛拉木关　录入单位 东方　操作员 刘存良　海关十位编码 11059xxxxx

基本信息　商品明细

申请表编号		电子口岸统一编号	
申请表有效期			

转出企业填写

申请表类型			企业合同号	
转出企业代码/名称	11059xxxxx	北京科xxxxxxxxx	转出地	
转入企业代码/名称			目的地	
转出地海关			转出手册/帐册编号	
转出企业内部编号			转出企业批准证编号	人工审批
转出申报企业	1101xxxxx	东方	转出申报日期	
送货距离（公里）			预计运输耗时（天）	
转出企业申报人/联系电话			转出企业法人/联系电话	
备注				

转入企业填写

转入企业内部编号			转入地海关	
转入申报企业			转入企业批准证号	
转入企业申报人/联系电话			转入申报日期	
转入企业法人/联系电话			转入手册/帐册号	
备注				

图5－4

结转申请表录入界面分为表头、表体两部分。表头部分录入深加工结转企业的基本信息；表体录入深加工结转货物的基本信息。操作员需依次录入表头、表体部分，表头部分没有录入完成时，不能进入表体部分进行录入。结转申请表表头分为三个部分：结转申请表基本信息、转出企业部分和转入企业部分，录入转出备案时，转入企业部分不可填写。

深加工结转申请表基本信息填写规范见表 5-1：

表 5-1

字段名称	填写规范
申请表编号	海关审核后自动返填。一般保税货物结转申请表编号为12位，编号规则是"X（1位）+年份（2位）+顺序号（9位）"，出口加工区货物结转申请表编号为12位，编号规则是"P（1位）+年份（2位）+顺序号（9位）"。
电子口岸统一编号	不可填，数据成功入数据中心库后，系统自动返填。
申请表有效期	海关审核通过后，系统根据海关设定的有效期自动返填。
申请表类型	录入转出企业录入的账册/手册号后自动调出，分为一般保税货物深加工结转和出口加工区货物深加工结转。
转出企业代码/名称	从录入的操作员卡自动调出，可修改。录入企业的海关10位编码，企业名称自动调出。
转出地	必填项，可从地区代码表中调出。
转入企业代码/名称	必填项，录入转入企业海关代码后，企业名称自动调出。
目的地	必填项，录入代码调出。
转出地海关	根据手册/账册号自动调出。
转出企业内部编号	用于区分申请表。企业自行编写，只能包含英文和数字，须保证该内部编号在企业内部的唯一性。
转出企业批准证编号	申请表由商务部门审批编号，无审批时填写"人工审批"。
转出申报企业	由录入的企业操作员卡调出。
转出申报日期	企业申报后根据系统时间自动产生。
送货距离	选填项，根据海关要求填写。
预计运输耗时	选填项，根据海关要求填写。
转出企业申报人/联系电话	选填项，根据海关要求填写。
转出企业法人/联系电话	选填项，根据海关要求填写。
备注	选填项，可填写表格内项目未尽事宜。

基本信息录入完毕后,点击回车键即进入转出备案表体录入界面,如图 5-5 所示:

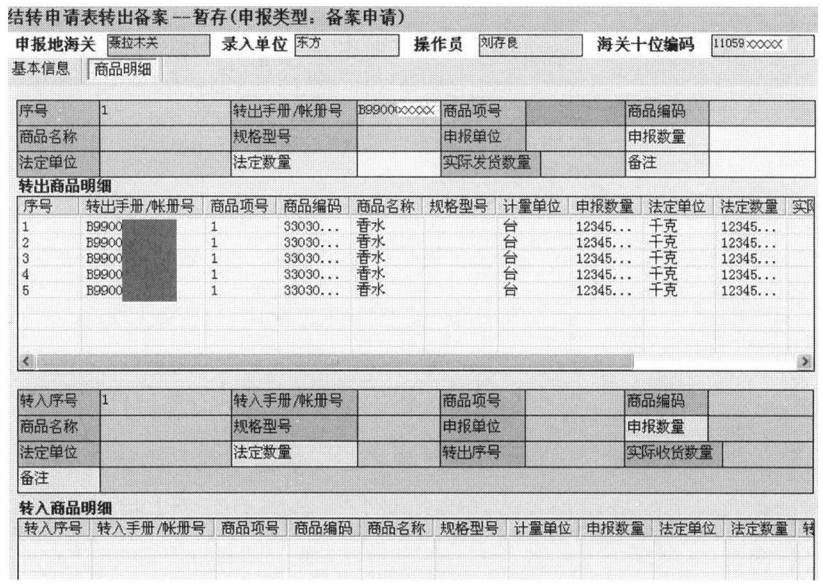

图 5-5

结转申请表表体分为转出备案表体和转入备案表体两部分,当转出企业进行转出备案时,转入表体为灰色,不允许填写。

转出备案表体录入规范见表 5-2:

表 5-2

字段名称	填写规范
序号	不可填,由系统自动顺序产生。
转出手册/账册号	系统根据基本信息中转出企业填写的手册/账册号自动调出。
商品项号	必填项,录入转出手册/账册中已备案的商品项号。
商品编码	不可填,从手册/账册备案中自动调出。
商品名称	不可填,从手册/账册备案中自动调出。
规格型号	不可填,从手册/账册备案中自动调出。
申报单位	不可填,从手册/账册备案中自动调出。
申报数量	非必填项,填写依据申报计量单位换算的数量。

续表

字段名称	填写规范
备用商品编码	选填项，一项结转商品最多可备案1个备用结转商品编码。
法定单位	不可填，从手册/账册备案中自动调出。
法定数量	选填项，填写依据法定计量单位换算的数量。
实际发货数量	同步申请后，系统根据海关底账数据自动返填企业实际的收发货数量。
备注	选填项，可填写表格内项目未尽事宜。

基本信息、表体信息录入完成后，检查无误向海关申报即可。

（二）如何备案转入备案

转入企业在录入转入备案前，需在"备案数据下载"功能菜单下，根据转出企业提供的"电子口岸统一编号"下载转出企业申报的结转申请表，如图5-6所示：

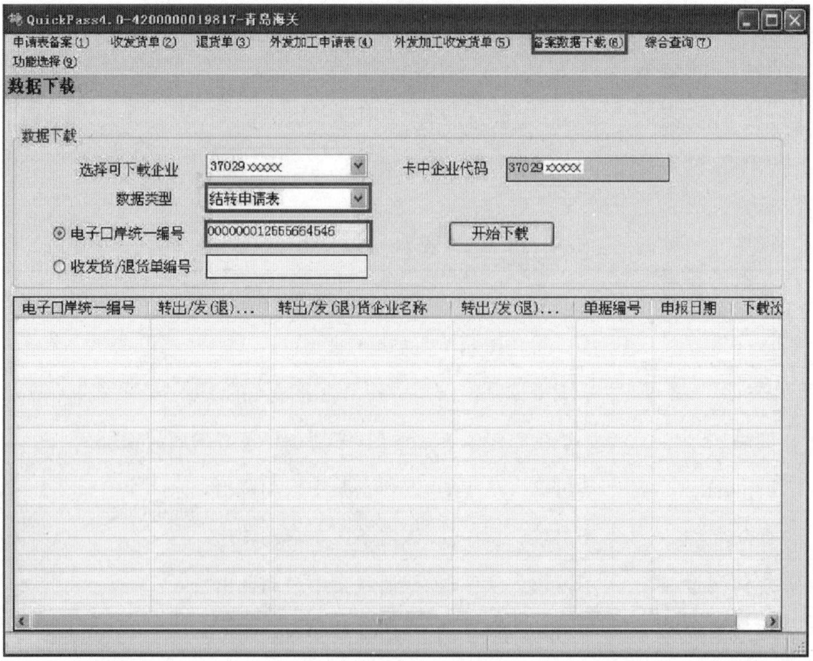

图5-6

数据类型选择"结转申请表",在电子口岸统一编号处录入转出企业提供的电子口岸统一编号,点击"开始下载"。

下载完毕后,在界面的功能菜单上,点击申请表备案,进入"申请表备案"菜单,再点击转入备案,进入"转入备案申请"界面,如图5-7所示:

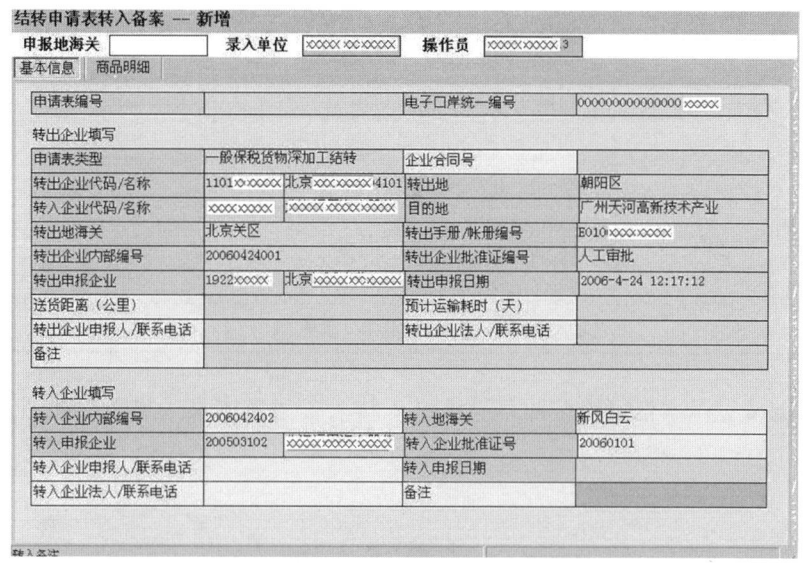

图 5-7

结转申请表录入界面分为基本信息和商品明细两部分,企业首先录入基本信息。

基本信息各字段填写规范见表5-3:

表 5-3

字段名称	填写规范
申请表编号	海关审核后自动返填。一般保税货物结转申请表编号为12位,编号规则是"X(1位)+年份(2位)+顺序号(9位)",出口加工区货物结转申请表编号为12位,编号规则是"P(1位)+年份(2位)+顺序号(9位)"。
电子口岸统一编号	录入转出企业提供的统一编号,按回车键后调出转出企业结转申请表的备案信息。

续表

字段名称	填写规范
转入企业内部编号	用于区分申请表。企业自行编写，只能包含英文和数字，须保证企业内部的唯一性。
转入地海关	必填项，填写转入地海关4位编号。
转入申报企业	不可填，根据电子口岸卡自动调出。
转入企业批准证编号	申请表商务部门审批编号，无审批时填写"人工审批"。
转入企业申报人/联系电话	选填项，根据海关要求填写。
转入申报日期	选填项，根据海关要求填写。
转入企业法人/联系电话	选填项，根据海关要求填写。
备注	选填项，可填写表格内项目未尽事宜。

录入完基本信息，按回车键即进入转入备案表体录入界面，如图5-8所示：

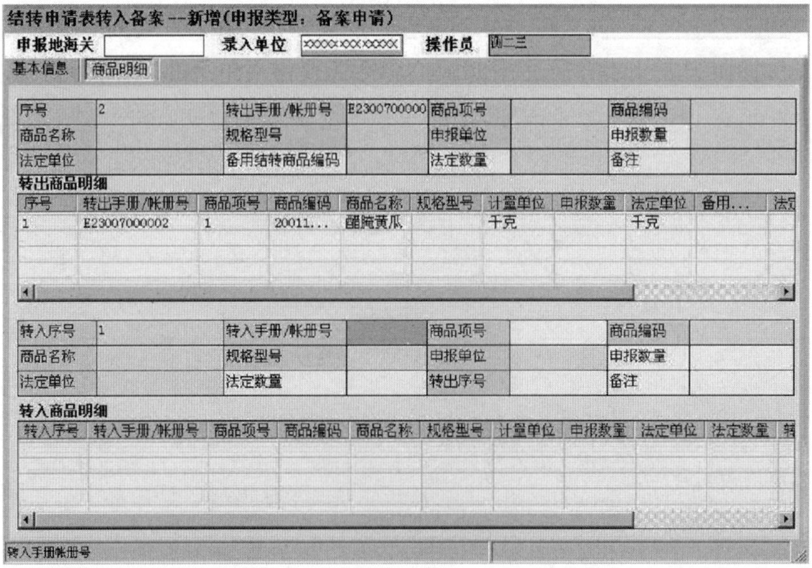

图5-8

结转申请表表体分为转出备案表体和转入备案表体两部分，当转入企业进行转入备案时，转出表体为灰色，不允许修改。

转入备案商品信息各字段填写规范见表5－4。

表5－4

字段名称	填写规范
转入序号	不可填，由系统顺序产生。
转入手册/账册号	必填项，转入企业根据转入的料件填写该项料件所在的手册/账册号。
商品项号	必填项，录入转入料件在手册/账册中的备案序号。
商品编码	必填项，根据项号从转入手册/账册中自动调出。
商品名称	必填项，从转入手册/账册中自动调出。
规格型号	必填项，从转入手册/账册中自动调出。
申报单位	必填项，从转入手册/账册中自动调出。
申报数量	选填项，根据海关要求填写。
法定单位	必填项，从转入手册/账册中自动调出。
法定数量	选填项，根据海关要求填写。
转出序号	填写转出企业商品明细表中对应的该项商品的序号。
备注	选填项，可填写表格内项目未尽事宜。

当表头、表体录入完成后，点击暂存按钮，系统提示"暂存成功"。申报按钮被激活，点击"申报"按钮完成结转申请表转入备案申请，提示申报成功后数据向海关发送。数据海关接收到后，转出、转入企业分别找当地海关审核，审核通过后产生以"X"开头的12位的深加工结转编号。

（三）如何进行数据查询

在界面的功能菜单上，点击"申请表备案"中的"数据查询"，进入"申请表数据查询"界面，如图5－9所示。

设置查询条件。其中"申请表备案状态"、"企业类型"为必选项，其他五项中必须选择其一。查询结果列表框：显示查询结果数据，主要包括企业内部编号、电子口岸统一编号、申请表编号、转出企业名称、转入企

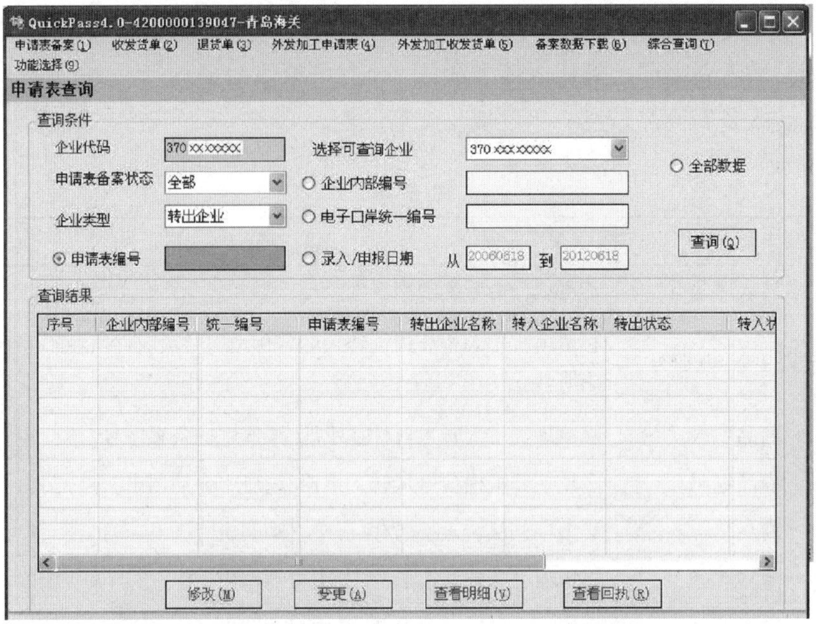

图 5-9

业名称、转出状态、转入状态等基本信息；

申请表各个状态说明如下：

- 暂存：数据暂存在企业端，并没有向海关申报数据；
- 数据申报成功：是指数据向海关申报，并没有向数据中心发送；
- 入数据中心库失败：是指企业申报的数据被数据中心退单；
- 成功入数据中心库：是指企业申报的数据成功发往数据中心，入数据中心库成功，生成电子口岸统一编号；
- 成功发往海关：是指企业申报的数据由数据中心向海关审批系统转发成功；
- 成功入海关库：是指企业申报的数据入海关审批系统成功，海关审批系统返给企业结转申报表预录入号，在"申请表编号"中显示，请企业等待海关关员审批数据；
- 退单：是指企业申报的数据不符合要求，被海关退单或被海关审批系统自动审核退单；
- 审批通过：是指企业申报的数据海关审批通过。

如图 5-10 所示，企业查询到申请表的转入状态和转出状态都是审核通过时，表明申请表备案成功。企业可以导出审核通过的申请表，可以查看申请表明细以及此申请表关联的收发货单、退货单等相关信息。

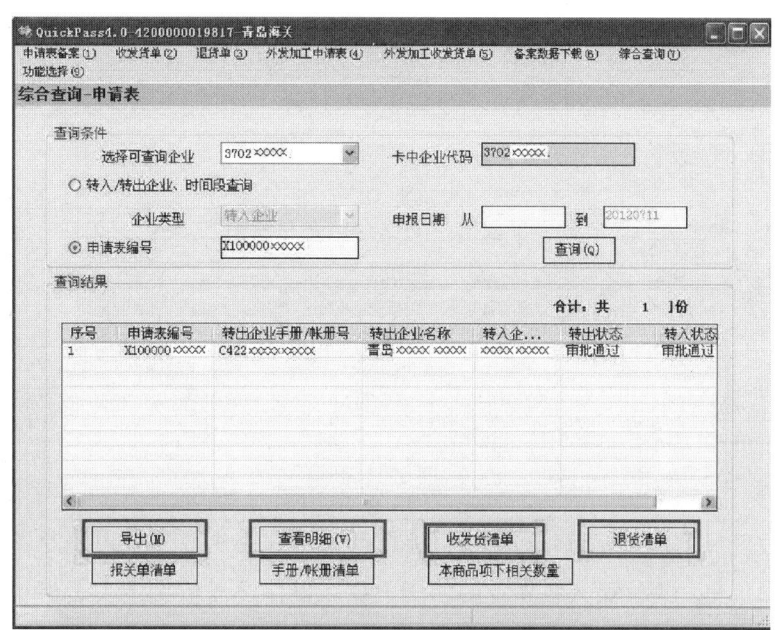

图 5-10

三、收发货单和退货单申报实务操作及技巧

转出、转入企业完成结转申请表备案之后，应当按照双方海关核准后的申请表进行实际收发货。转出、转入企业在每批实际发货、收货或者退货后 24 小时内录入申报"收发货单"或"退货单"电子数据。对实行电子账册管理的联网监管企业以及与其发生深加工结转业务的企业，应在 72 小时内申报"收发货单"或"退货单"。

（一）如何申请发货登记

在界面的功能菜单上，点击"收发货单"中的"发货登记"，进入"发货登记"界面，如图 5-11 所示：

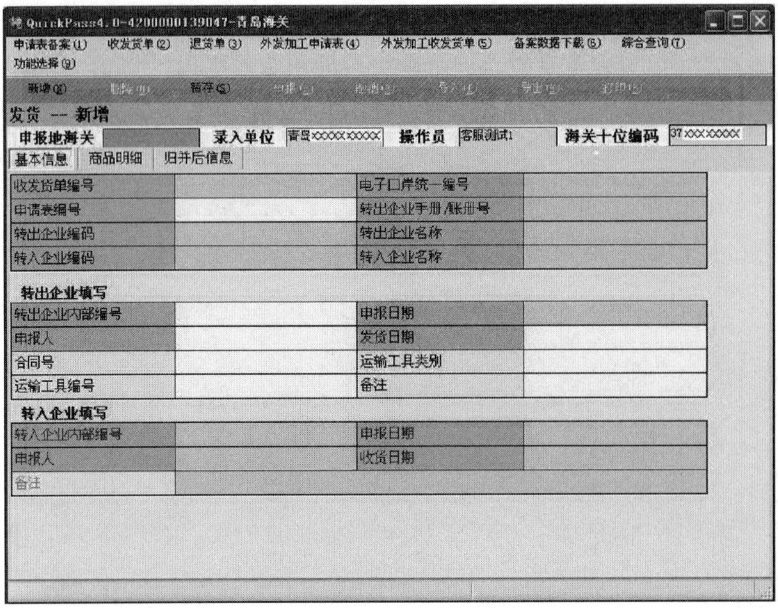

图 5–11

收发货单录入界面分为表头、表体两部分。表头部分录入收发货企业的基本信息;表体录入收发货的明细数据。操作员需依次录入表头、表体部分,表头部分没有录入完成时,不能进入表体部分进行录入。

收发货单表头分为三个部分:收发货单基本信息、转出企业部分、转入企业部分。

收发货单基本信息填写规范见表 5–5:

表 5–5

字段名称	填写规范
收发货单编号	必填项。由系统返填,发货企业无需填写。当海关审批通过后,返回企业收发货单编号。收发货单编号为17位,编号规则是"申请表编号(12位)+收发货标志(1位)+顺序号(4位)"。
电子口岸统一编号	由系统返填,发(收)货企业无需填写。当发货企业申报的收发货单发货登记入数据中心库成功,数据中心返回给企业"电子口岸统一编号",电子口岸统一编号为18位数字。

续表

字段名称	填写规范
申请表编号	必填项。由发货企业录入海关审核通过后的深加工结转申请表编号，录入后会调出相关备案信息。
转出企业手册/账册号	必填项。由系统根据申请表编号自动调出，企业无需填写。
转出企业编码	必填项。由系统根据申请表编号自动调出，企业无需填写。
转出企业名称	必填项。由系统根据申请表编号自动调出，企业无需填写。
转入企业编码	必填项。由系统根据申请表编号自动调出，企业无需填写。
转入企业名称	必填项。由系统根据申请表编号自动调出，企业无需填写。

发货单基本信息录入完毕后，转出企业继续录入需转出企业填写的其他信息，如图5-12所示：

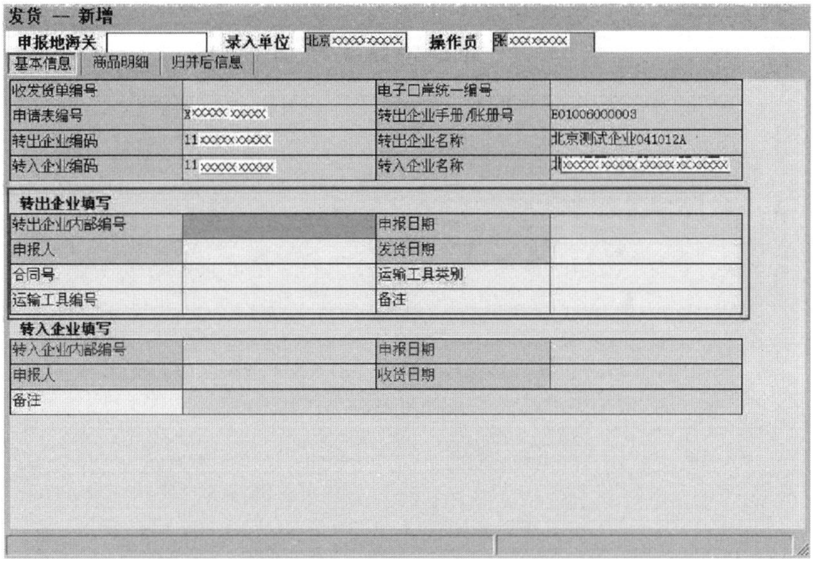

图 5-12

转出企业填写的各项信息填制规范见表5-6。

录入完表头中的"备注"信息后，按回车键即进入发货登记表体录入界面，如图5-13所示。表头未录入完成，不允许录入表体界面。

表 5-6

字段名称	填写规范
转出企业内部编号	必填项。最多 20 位，录入本票收发货单的企业自定义编号，只能包含英文（区分大小写）和数字，同时须保证企业内部的唯一性。
申报日期	必填项。当企业进行"申报"操作时，由系统返填，企业无需填写。
申报人	必填项。10 位。
发货日期	必填项。8 位，格式为：年（4 位）+ 月（2 位）+ 日（2 位）。
合同号	非必填项。20 位。
运输工具类别	非必填项。2 位。
运输工具编号	非必填项。32 位。
备注	非必填项。可填写表格内项目未尽事宜。

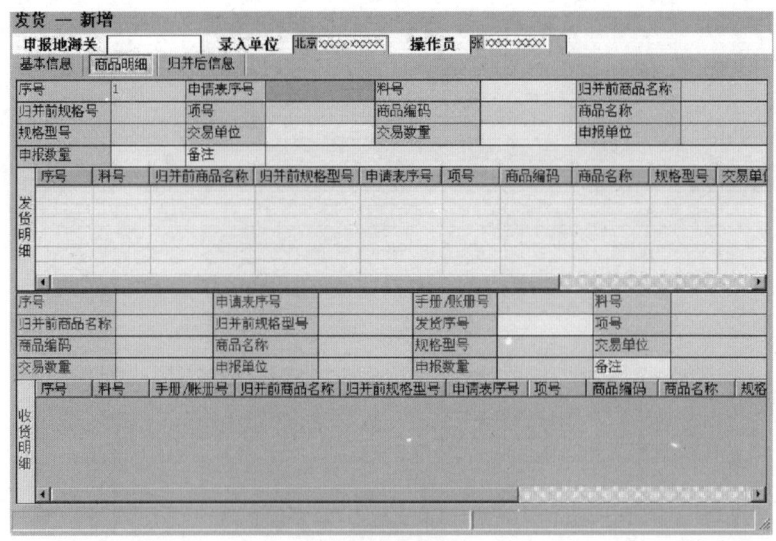

图 5-13

收发货单表体分为商品明细和归并后信息两部分。商品明细由企业录入，归并后信息只供企业查看，不能录入及修改，如果企业按料号录入的商品明细数据，那么归并后信息根据其归并关系自动生成归并后信息数据，如果无归并关系的手册/账册，则一条商品明细数据对应一条归并后信息数据，系统将归并后信息中的数据向海关发送。

商品明细表体分为发货明细和收货明细两部分，当转出企业进行发货明细登记时，收货明细为灰色，不允许填写。

发货登记商品明细各项信息填制规范见表5-7：

表5-7

字段名称	填写规范
序号	必填项。由系统自动按顺序生成。
申请表序号	必填项。填写将发货的商品信息在结转申请表表体的序号；录入该项后，系统会自动从结转申请表中调出"项号"、"商品编码"、"商品名称"、"规格型号"、"申报单位"数据。
料号	根据企业的手册/账册信息，如果是有料号级数据的手册/账册，该项被激活。企业可根据当地主管海关的要求，可按料号/HS编码申报收发货明细数据，如按HS编码申报，该项可不录入。
归并前商品名称	不允许企业填写及修改，从手册/账册中调出。
归并前规格型号	不允许企业填写及修改，从手册/账册中调出。
项号	不允许企业填写及修改，从申请表中调出。
商品编码	不允许企业填写及修改，从结转申请表中调出。
商品名称	不允许企业填写及修改，从结转申请表中调出。
规格型号	不允许企业填写及修改，从结转申请表中调出。
交易单位	可直接录入计量单位代码或从计量单位代码表中选择。必须与收货企业交易单位一致。
交易数量	必填项。依据交易单位换算的数量。
申报单位	必填项。不允许企业填写及修改，从结转申请表中调出。
申报数量	必填项。填写申报数量。
备注	非必填项。可填写表格内项目未尽事宜。

表体填写完成后,如图 5-14 所示:

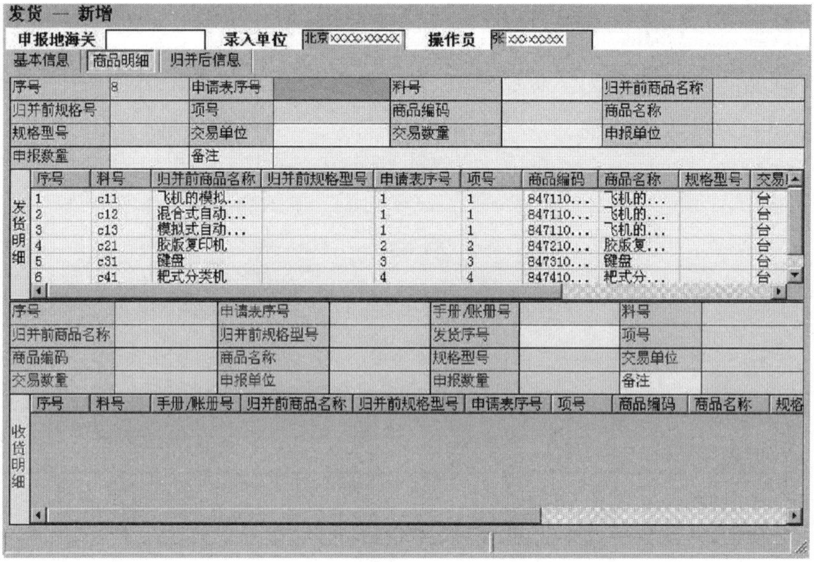

图 5-14

当表头、表体录入完成后,点击"暂存"按钮,系统提示"暂存成功"。这时可查看"归并后信息",如图 5-15 所示:

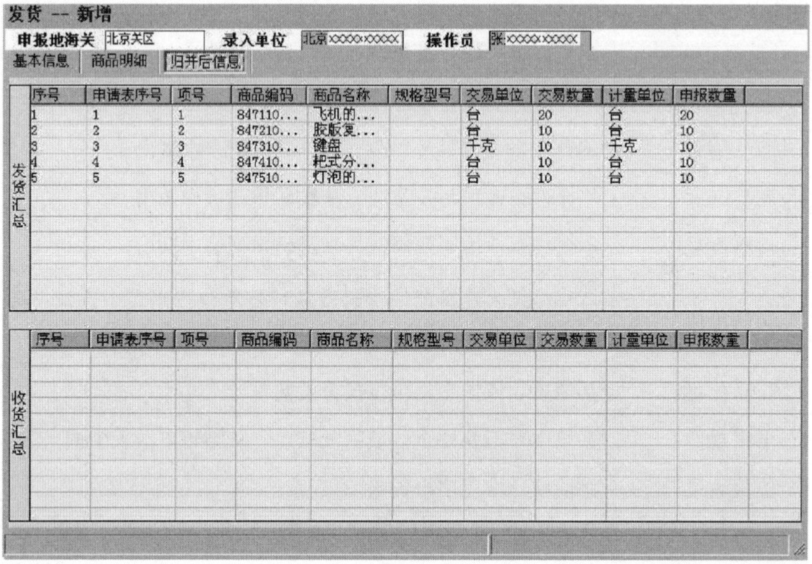

图 5-15

数据录入完毕，检查无误，点击"申报"按钮完成收发货单发货登记申报，提示申报成功后，数据向海关发送。

企业可以在"收发货单"菜单下的"数据查询"中查看收发货单的数据内容及回执状态。如图 5 – 16 所示：

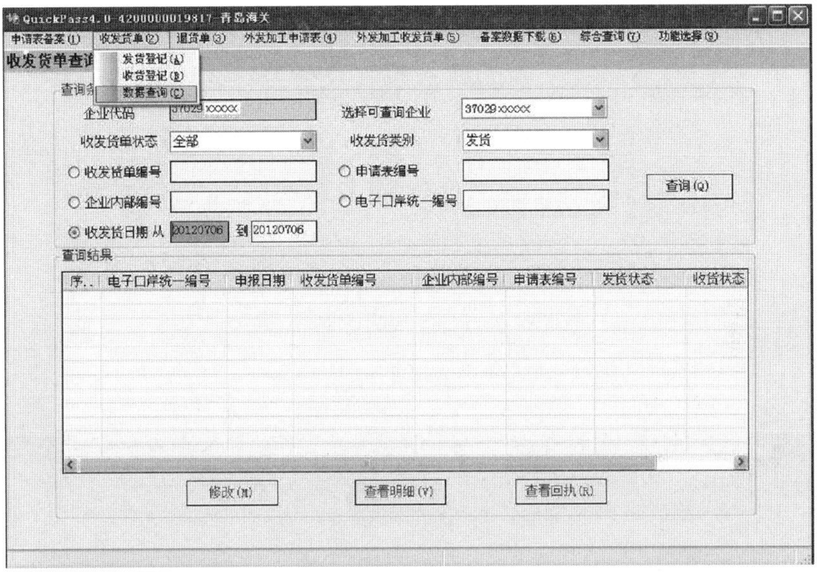

图 5 – 16

转出企业在数据查询中查询到收发货单状态显示为"审批通过"时，查询到该票收发货单的"收发货单编号"，并将"收发货单编号"通知转入企业。如图 5 – 17 所示。

（二）如何申报收货登记

在"备案数据下载"功能菜单下，根据发货企业提供的"收发货单编号"下载发货企业申报的发货登记。数据类型选择"收发货单"，输入收发货编号后，点击"开始下载"。如图 5 – 18 所示。

下载完毕后，在界面的功能菜单上，点击"收发货单"中的"收货登记"，进入"收货登记"界面，如图 5 – 19 所示。

收发货单录入界面分为表头、表体两部分。表头部分录入收发货企业的基本信息；表体部分录入收发货的明细数据。操作员需依次录入表头、

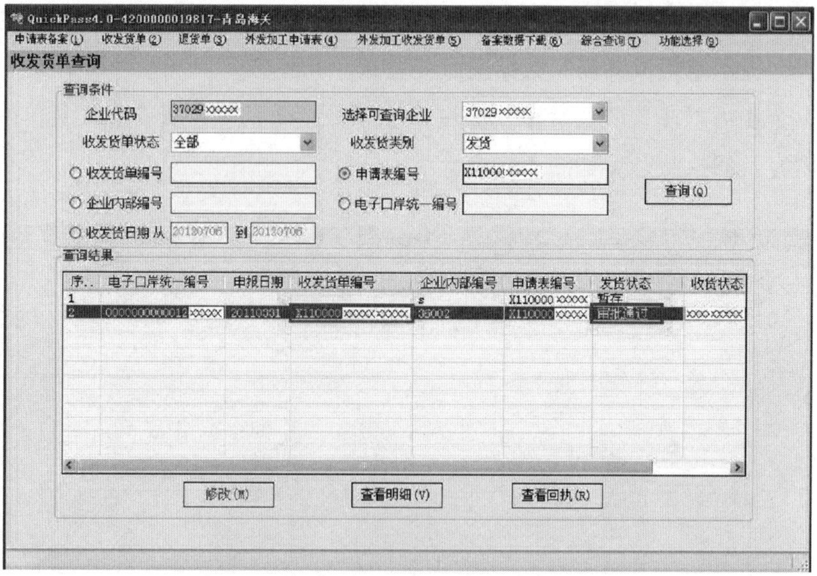

图 5–17

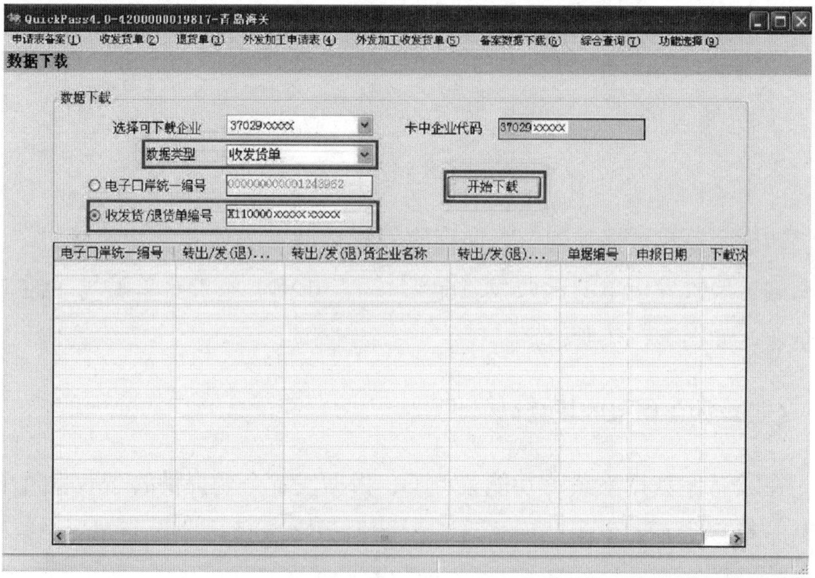

图 5–18

表体部分,表头部分没有录入完成时,不能进入表体部分进行录入。

收发货单表头分为三个部分:收发货单基本信息部分、转出企业部分、转入企业填写部分。

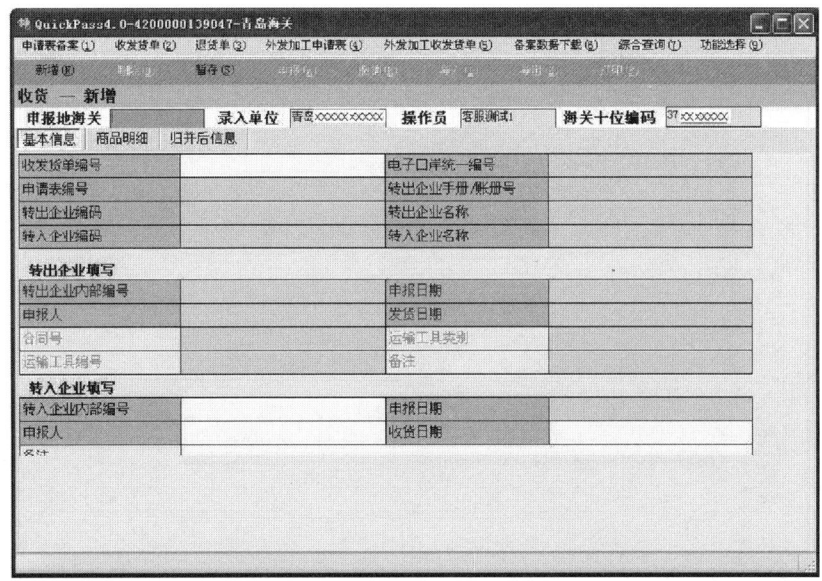

图 5-19

收发货单基本信息填写规范见表 5-8：

表 5-8

字段名称	填写规范
收发货单编号	必填项。当发货登记被海关审批通过后，返回企业收发货单编号。收发货单编号为 17 位，编号规则是"申请表编号（12 位）+ 收发货标志（1 位）+ 顺序号（4 位）"。收货企业录入发货企业通知的"收发货单编号"，调出发货企业的发货信息。
电子口岸统一编号	必填项。由系统返填，企业无需填写。
申请表编号	必填项。由系统根据申请表编号自动调出，企业无需填写。
转出企业手册/账册号	必填项。由系统根据申请表编号自动调出，企业无需填写。
转出企业编码	由系统根据申请表编号自动调出，企业无需填写。
转出企业名称	由系统根据申请表编号自动调出，企业无需填写。
转入企业编码	由系统根据申请表编号自动调出，企业无需填写。
转入企业名称	由系统根据申请表编号自动调出，企业无需填写。

转出企业填写信息由深加工结转申请表自动调出，收货企业不必填写。如图5-20所示：

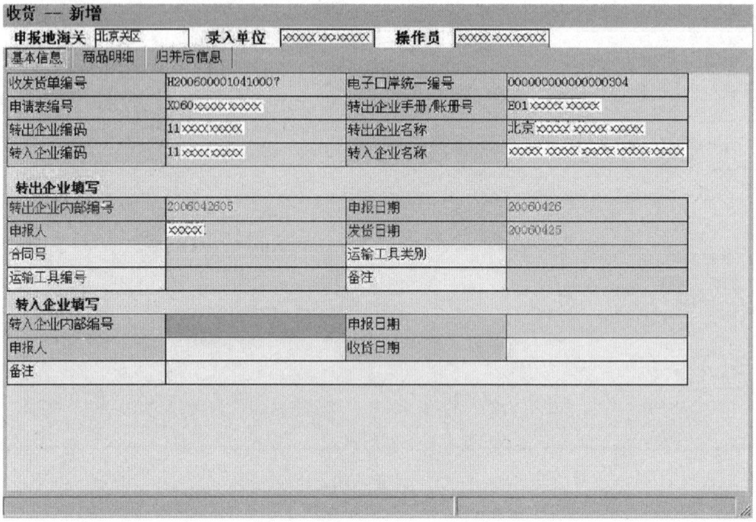

图5-20

转入企业填写信息填制规范见表5-9：

表5-9

字段名称	填写规范
转入企业内部编号	最多20位，录入本票收发货单的企业自定义编号，只能包含英文（区分大小写）和数字，同时须保证企业内部的唯一性。
申报日期	必填项。当企业进行"申报"操作时，由系统返填，企业无需填写。
申报人	必填项。最长10位。
收货日期	必填项。8位，格式为：年（4位）+月（2位）+日（2位）。
备注	非必填项。最长128位，可填写表格内项目未尽事宜。

表头信息录入完成后，在备注栏按回车键即进入收货登记表体录入界面，如图5-21所示。

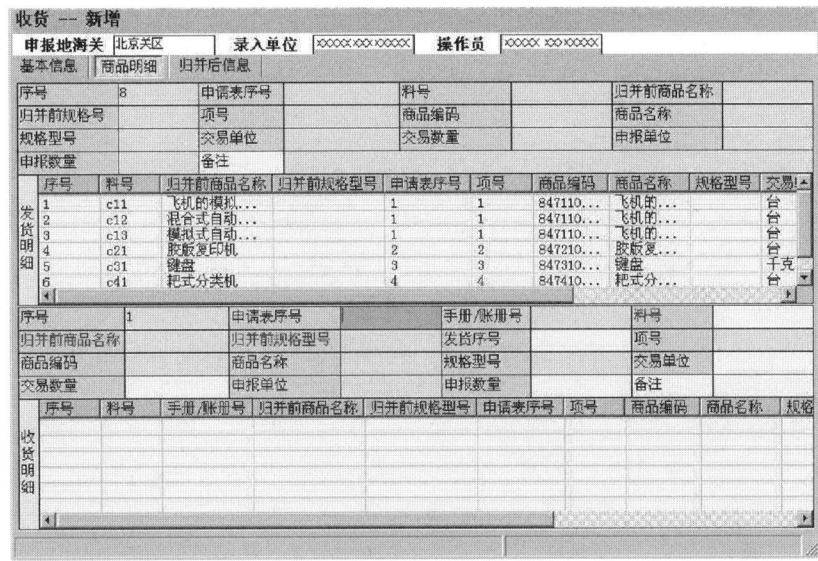

图 5-21

收发货单表体分为商品明细和归并后信息两部分。商品明细由企业录入，归并后信息只供企业查看，不能录入及修改。

商品明细表体分为发货明细和收货明细两部分，当转入企业进行收货明细登记时，发货明细为灰色，不允许填写。

收货登记商品明细各项信息具体填制规范见表 5-10：

表 5-10

字段名称	填写规范
序号	必填项。由系统自动顺序生成。
申请表序号	必填项。填写收货的商品信息在结转申请表表体的序号；录入该项后，系统会自动从结转申请表中调出"项号"、"商品编码"、"商品名称"、"规格型号"、"申报单位"数据。
手册/账册号	必填项。不允许企业填写及修改，从结转申请表中调出。
料号	根据企业的手册/账册信息，如果是有料号级数据的手册/账册，该项被激活。如按 HS 编码申报，该项可不录入；目前一般都按 HS 编码申报。
归并前商品名称	必填项。不允许企业填写及修改，从手册/账册中调出。

续表

字段名称	填写规范
归并前规格型号	必填项。不允许企业填写及修改，从手册/账册中调出。
收货序号	必填项。填写该项商品在发货登记表体中对应的序号。
项号	必填项。不允许企业填写及修改，从结转申请表中调出。
商品编号	必填项。不允许企业填写及修改，从结转申请表中调出。
商品名称	必填项。不允许企业填写及修改，从结转申请表中调出。
规格型号	必填项。不允许企业填写及修改，从结转申请表中调出。
交易单位	必填项。将发货企业申报的交易单位返填，必须与发货企业申报的一致。
交易数量	必填项。
申报单位	必填项。不允许企业填写及修改，从结转申请表中调出。
申报数量	必填项。
备注	非必填项。最多128位字符，可填写表格内项目未尽事宜。

当表头、表体信息录入完成后，检查数据无误，点击"申报"按钮完成收发货单的申报。

（三）如何进行数据查询

在界面的功能菜单上，点击收发货单，进入"收发货单"中的"数据查询"，进入"收发货单数据查询"界面，如图 5-22 所示。

设置查询条件，其中"收发货单状态"、"收发货类型"为必选项，其他五项中必须选择其一。设置好查询条件后，点击"查询"按钮，查询结果显示在查询结果列表框中，如图 5-23 所示。

收发货单各个状态说明如下：

- 暂存：数据暂存在企业端，并没有向海关申报数据；
- 数据申报成功：数据向海关申报，并没有向数据中心发送；
- 入数据中心库失败：企业申报的数据被数据中心退单；
- 成功入数据中心库：企业申报的数据成功发往数据中心，生成电子口岸统一编号；

图 5-22

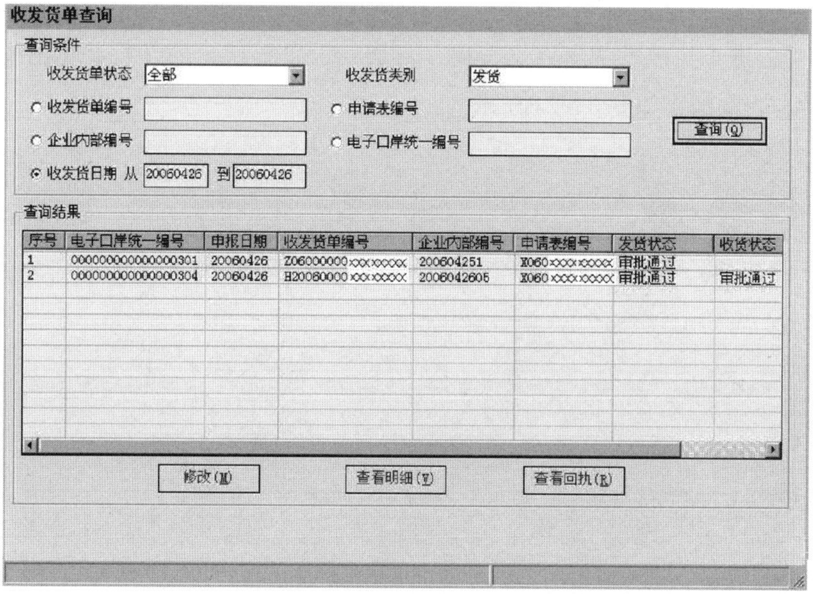

图 5-23

- 成功发往海关：企业申报的数据，数据中心向海关转发成功；
- 成功入海关库：企业申报的数据向海关申报成功，海关审批系统将

返给企业申报表预录入号,在申请表编号中显示,请企业等待海关关员审批数据;

● 退单:企业申报的数据不符合要求,被海关退单或被海关审批系统自动审核退单;

● 审批通过:企业申报的数据海关审批通过;

● 审批通过(未过卡口):发货方有此状态,是指出口加工区货物申报的发货单海关审批通过,但未出出口加工区卡口;

● 撤销成功:发货方有此状态,是指一般保税货物或出口加工区货物(未过卡口)撤销操作被海关审批通过;

● 撤销成功(已出区):发货方有此状态,是指出口加工区货物(已过卡口)撤销操作被海关审批通过。

(四) 如何撤销发货登记

在界面的功能菜单上,点击收发货单,进入"收发货单"中的"数据查询",进入"收发货单数据查询"界面,设置要撤销的发货登记的查询条件,查询结果如图 5-24 所示:

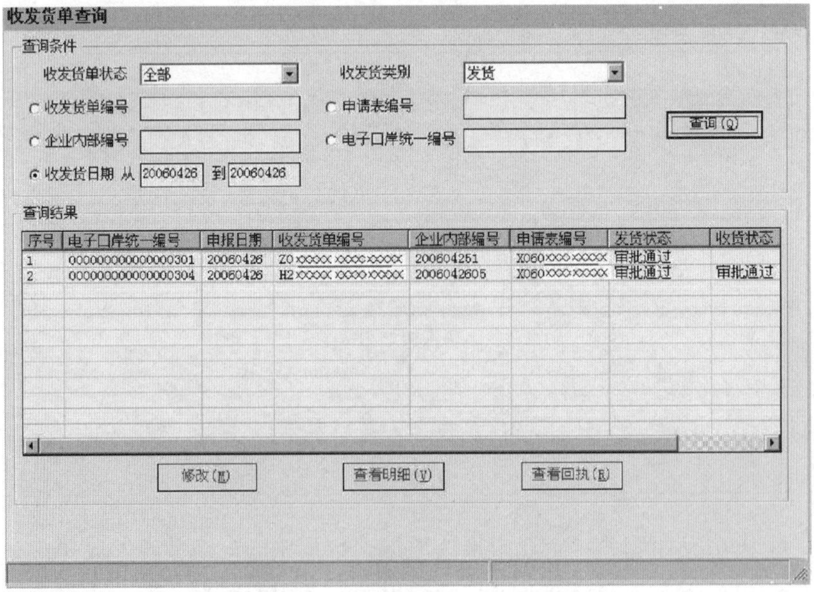

图 5-24

选中要撤销的数据,点击"查看明细",进入收发货单明细信息界面,如图5-25所示:

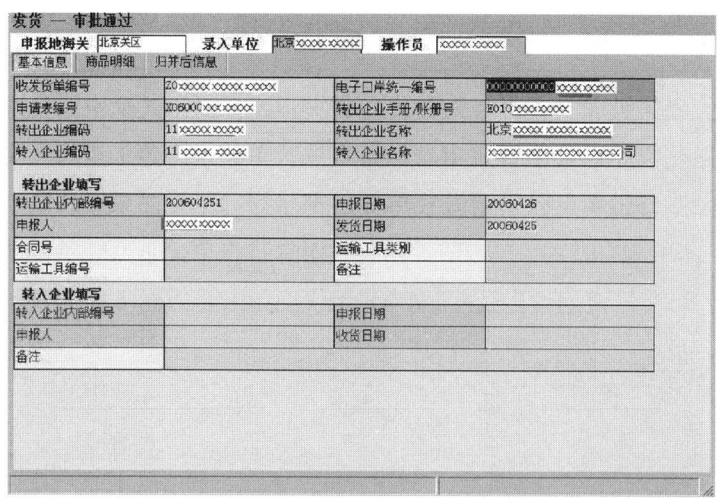

图 5-25

如确认要撤销此票数据,点击"撤销"按钮,弹出如图5-26所示的提示框:

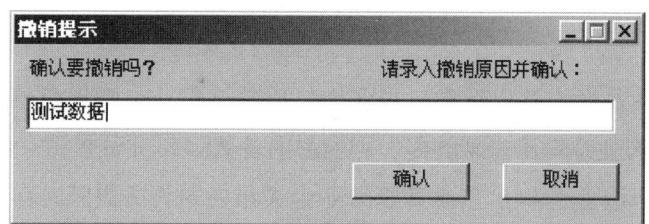

图 5-26

发货企业输入"撤销原因",如确认,则点击"确认"按钮,撤销发货数据即向海关发送,发货企业在数据查询中可查询到撤销发货的状态。

四、深加工结转退货实务操作及技巧

(一)如何申报退货单

在界面的功能菜单上,点击"退货单"中的"退货登记",进入"退货登记"界面，如图5-27所示：

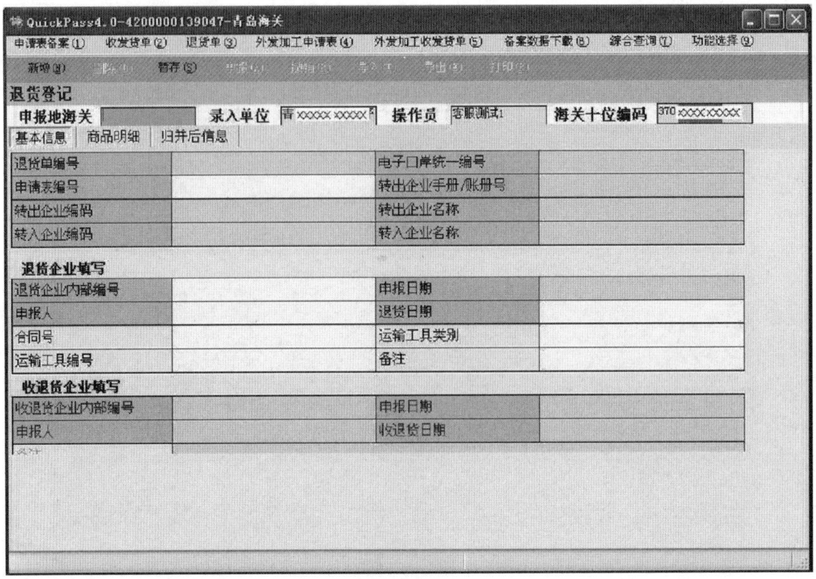

图5-27

退货单退货登记录入界面分为表头、表体两部分。表头部分录入退货企业的基本信息；表体录入退货的明细数据。操作员需依次录入表头、表体部分，表头部分没有录入完成时，不能进入表体部分进行录入。

退货单表头分为三个部分：退货单基本信息部分、转入企业部分、转出企业部分。基本信息部分填写规范见表5-11：

表5-11

字段名称	填写规范
退货单编号	必填项。由系统返填，退货企业无需填写。当海关审批通过后，返回企业申请表编号。退货单编号为17位，编号规则是"申请表编号（12位）+收发货标志（1位）+顺序号（4位）"。
电子口岸统一编号	必填项。由系统返填，退货企业无需填写。当退货企业申报的退货单退货登记入数据中心库成功，数据中心返回给企业"电子口岸统一编号"，电子口岸统一编号为18位数字。

续表

字段名称	填写规范
申请表编号	必填项。由退货企业录入，录入后调出相关信息。
转出企业手册/账册号	由系统根据申请表编号自动调出，企业无需填写。
转出企业编码	由系统根据申请表编号自动调出，企业无需填写。
转出企业名称	由系统根据申请表编号自动调出，企业无需填写。
转入企业编码	由系统根据申请表编号自动调出，企业无需填写。
转入企业名称	由系统根据申请表编号自动调出，企业无需填写。

退货企业退货登记表头各项信息具体填制规范见表5-12：

表5-12

字段名称	填写规范
退货企业内部编号	必填项。最多20位，录入本票收发货单的企业自定义编号，只能包含英文（区分大小写）和数字，同时须保证企业内部的唯一性。
申报日期	必填项。当企业进行"申报"操作时，由系统返填，企业无需填写。
申报人	必填项。10位。
退货日期	必填项。8位，格式为：年（4位）+月（2位）+日（2位）;
合同号	非必填项。20位。
运输工具类别	非必填项。2位。
运输工具编号	非必填项。32位。
备注	非必填项。128位，可填写表格内项目未尽事宜。

录入完表头中的"备注"后，按回车键即进入退货登记表体录入界面，如图5-28所示，表头未录入完成，不允许录入表体界面。

退货单表体分为商品明细和归并后信息两部分。商品明细由企业录入，归并后信息只供企业查看，不能录入及修改。商品明细表体分为退货明细和收退货明细两部分，当转入企业进行退货明细登记时，收退货明细为灰色，不允许填写。

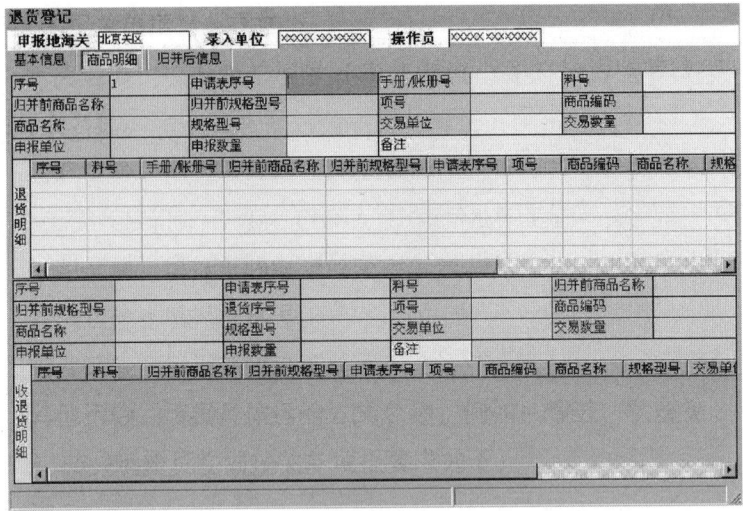

图 5-28

退货登记商品明细各项信息填制规范见表 5-13：

表 5-13

字段名称	填写规范
序号	必填项。由系统按顺序自动生成。
申请表序号	必填项。填写退货的商品信息在结转申请表表体的序号；录入该项后，系统会自动从结转申请表中调出"项号"、"商品编码"、"商品名称"、"规格型号"、"申报单位"数据。
手册/账册号	必填项。不允许企业填写及修改，从结转申请表中调出。
料号	必填项。根据企业的手册/账册信息，如果是有料号级数据的手册/账册，该项被激活。如按 HS 编码申报，该项可不录入；目前一般都按 HS 编码申报。
归并前商品名称	必填项。不允许企业填写及修改，从手册/账册中调出。
归并前规格型号	必填项。不允许企业填写及修改，从手册/账册中调出。
项号	必填项。不允许企业填写及修改，从手册/账册中调出。
商品编码	必填项。不允许企业填写及修改，从手册/账册中调出。
商品名称	必填项。不允许企业填写及修改，从手册/账册中调出。
规格型号	必填项。不允许企业填写及修改，从手册/账册中调出。

续表

字段名称	填写规范
交易单位	必填项。可直接录入单位代码或从单位代码表中选择。必须与收退货交易单位一致。
交易数量	必填项。
申报单位	必填项。不允许企业填写及修改,从结转申请表中调出。
申报数量	必填项。
备注	非必填项。最多128位字符,可填写表格内项目未尽事宜。

当表头、表体录入完成后,检查数据无误后,点击申报按钮完成退货单退货登记申报,提示申报成功后数据向海关发送。企业可以在"退货单"菜单下的"数据查询"中查看退货单的数据内容及回执状态。

(二) 如何申报收退货登记

转出企业在数据查询中查询到退货单状态显示为"审批通过"时,查询到该票退货单的退货单编号,并将退货单编号通知转入企业。

转入企业在"备案数据下载"功能菜单下,根据退货企业提供的退货单编号下载发货企业申报的退货单,如图5-29所示:

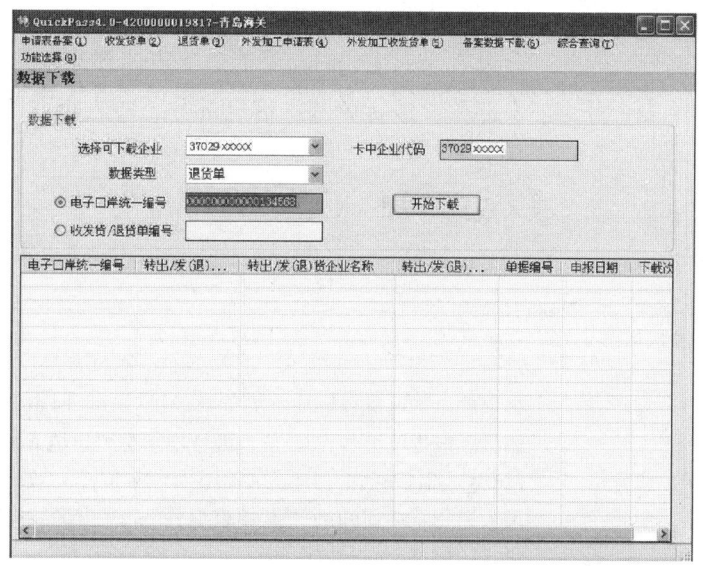

图 5-29

下载完毕后,在界面的功能菜单上,点击"退货单"中的"收退货登记",进入"收退货登记"界面,如图5-30所示:

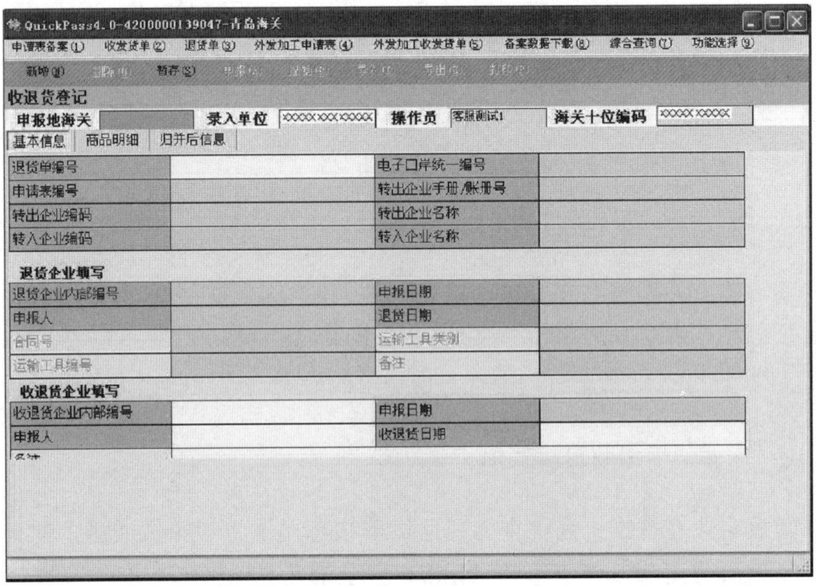

图5-30

退货单收退货登记录入界面分为表头、表体两部分。表头部分录入收退货企业的基本信息;表体录入收退货的明细数据。操作员需依次录入表头、表体部分,表头部分没有录入完成时,不能进入表体部分进行录入。

退货单表头分为三个部分:退货单基本信息部分、转入企业部分、转出企业部分。

退货单基本信息录入规范见表5-14:

表5-14

字段名称	填写规范
退货单编号	必填项。当退货登记被海关审批通过后,返回企业退货单编号。退货单编号为17位,编号规则是"申请表编号(12位)+收退货标志(1位)+顺序号(4位)"。收退货企业录入退货企业通知的"退货单编号",调出退货企业的退货登记信息。

续表

字段名称	填写规范
电子口岸统一编号	必填项。由系统返填，退货企业无需填写。当退货企业申报的退货单退货登记入数据中心库成功，数据中心返回给企业"电子口岸统一编号"，电子口岸统一编号为18位数字。
申请表编号	必填项。由退货企业录入，录入后调出相关信息。
转出企业手册/账册号	必填项。由系统根据申请表编号自动调出，企业无需填写。
转出企业编码	必填项。由系统根据申请表编号自动调出，企业无需填写。
转出企业名称	必填项。由系统根据申请表编号自动调出，企业无需填写。
转入企业编码	必填项。由系统根据申请表编号自动调出，企业无需填写。
转入企业名称	必填项。由系统根据申请表编号自动调出，企业无需填写。

录入完毕基本信息后，继续录入收退企业填写部分（退货企业填写部分自动调出，收退货方不必填写），如图5-31所示：

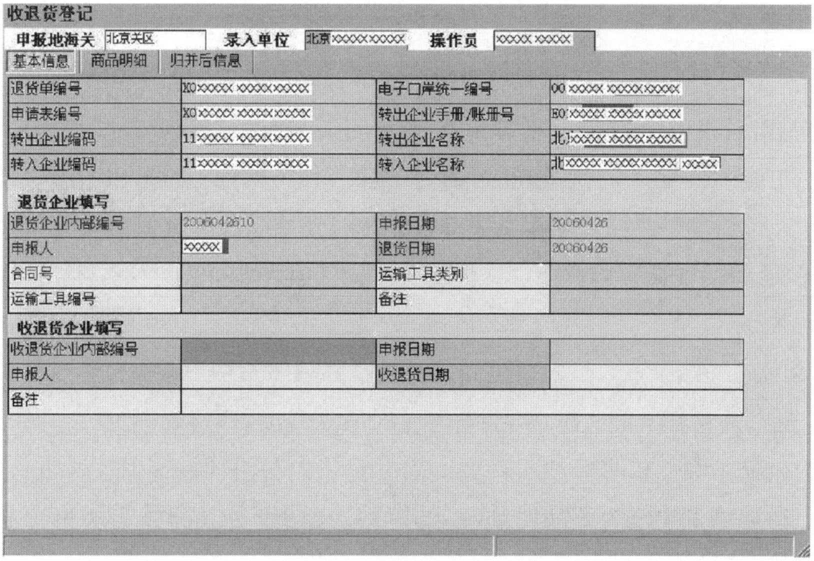

图5-31

收退货登记表头各项信息具体填制规范见表5-15:

表5-15

字段名称	填写规范
收退货企业内部编号	必填项。最多20位,录入本票收发货单的企业自定义编号,只能包含英文(区分大小写)和数字,同时须保证企业内部的唯一性。
申报日期	必填项。当企业进行"申报"操作时,由系统返填,企业无需填写。
申报人	必填项。10位。
收退货日期	必填项。8位,格式为:年(4位)+月(2位)+日(2位)。
备注	非必填项。128位,可填写表格内项目未尽事宜。

录入完表头信息后,按回车键即进入收退货登记表体录入界面,如图5-32所示:

图5-32

退货单表体分为商品明细和归并后信息两部分。商品明细由企业录入,归并后信息只供企业查看,不能录入及修改。商品明细表体分为退货明细和收退货明细两部分,当转出企业进行收退货明细登记时,退货明细为灰色,不允许填写。

收退货登记商品明细各项信息具体填制规范见表 5-16：

表 5-16

字段名称	填写规范
序号	必填项。由系统按顺序自动生成。
申请表序号	必填项。填写收退货的商品信息在结转申请表表体的序号。录入该项后，系统会自动从结转申请表中调出"项号"、"商品编码"、"商品名称"、"规格型号"、"申报单位"数据。
料号	必填项。根据企业的手册/账册信息，如果是有料号级数据的手册/账册，该项被激活。如按 HS 编码申报，该项可不录入；目前一般都是按 HS 编码申报。
归并前商品名称	必填项。不允许企业填写及修改，从手册/账册中调出。
归并前规格型号	必填项。不允许企业填写及修改，从手册/账册中调出。
退货序号	必填项。填写该项商品在退货登记表体中对应的序号，如果该项商品在退货登记中只对应一条记录，那么该序号自动返填，如果该项商品在退货登记中对应多条记录，那么企业需从退货序号列表中选择。
项号	必填项。不允许企业填写及修改，从结转申请表中调出。
商品编号	必填项。不允许企业填写及修改，从结转申请表中调出。
商品名称	必填项。不允许企业填写及修改，从结转申请表中调出。
规格型号	必填项。不允许企业填写及修改，从结转申请表中调出。
交易单位	必填项。将退货企业申报的交易单位返填，交易单位必须与退货企业申报的一致。
交易数量	必填项。
申报单位	必填项。不允许企业填写及修改，从结转申请表中调出。
申报数量	必填项。
备注	非必填项。最多128位字符，可填写表格内项目未尽事宜。

商品信息填写完成后，如图 5-33 所示。

当表头、表体录入完成后，检查数据无误，点击申报按钮完成退货单收退货登记申报。

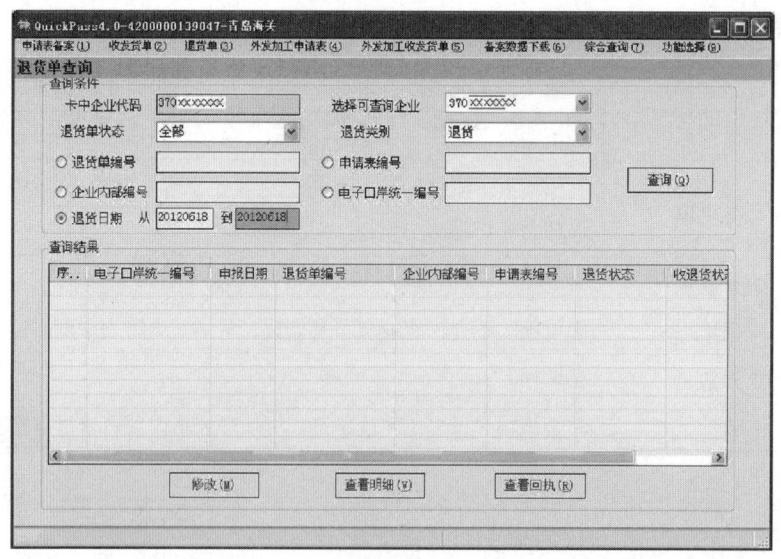

图 5-33

(三) 如何查询退货单

在界面的功能菜单上,点击"退货单",进入"退货单"菜单,再点击"数据查询",进入"退货单数据查询"界面,如图 5-34 所示:

图 5-34

设置查询条件。其中"退货单状态"、"退货类型"为必选项,其他五项中必须选择其一,退货单的各状态如下:

- 暂存:数据暂存在企业端,并没有向海关申报数据;
- 数据申报成功:数据向海关申报,并没有向数据中心发送;
- 入数据中心库失败:企业申报的数据被数据中心退单;
- 成功入数据中心库:企业申报的数据成功发往数据中心,生成电子口岸统一编号;
- 成功发往海关:企业申报的数据由数据中心向海关转发成功;
- 成功入海关库:企业申报的数据向海关申报成功,海关审批系统将返给企业申报表预录入号,在申请表编号中显示,请企业等待海关关员审批数据;
- 退单:企业申报的数据不符合要求,被海关退单或被海关审批系统自动审核退单;
- 审批通过:一般保税货物或出口加工区货物(已过卡口)的退货单经海关审批通过;
- 审批通过(未过卡口):只有收退货方有此状态,是指出口加工区货物申报的收退货单海关审批通过,但未过出口加工区卡口;
- 撤销成功:只有退货方有此状态,是指一般保税货物撤销退货操作被海关审批通过。

(四) 如何撤销退货单

在界面的功能菜单上,点击"退货单"中的"数据查询",进入"退货单数据查询"界面,设置要撤销的退货登记的查询条件,查询结果如图 5-35 所示。

选中要撤销的数据,点击"查看明细",进入收发货单明细信息界面,如图 5-36 所示。

如确认要撤销此票数据,点击"撤销"按钮,弹出如图 5-37 所示的提示框。

退货企业输入"撤销原因",如确认,则点击"确认"按钮,撤销退货数据即向海关发送。

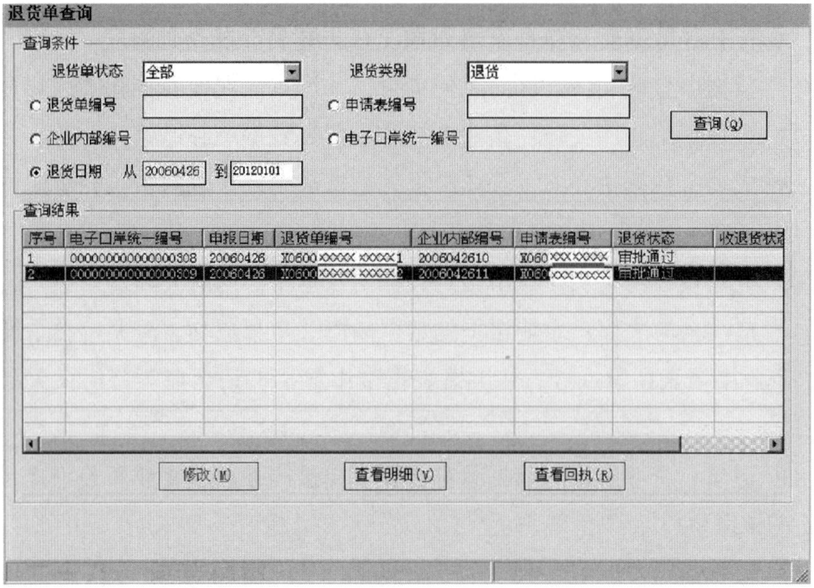
退货单查询
查询条件
退货单状态 全部
退货类别 退货
退货单编号
申请表编号
企业内部编号
电子口岸统一编号
查询(Q)
退货日期 从 20060426 到 20120101
查询结果
序号 电子口岸统一编号 申报日期 退货单编号 企业内部编号 申请表编号 退货状态 收退货状态
1 000000000000000308 20060426 X0600 2006042610 X060 审批通过
2 000000000000000309 20060426 X0600 2006042611 X060 审批通过
修改(M)
查看明细(Y)
查看回执(R)

图 5－35

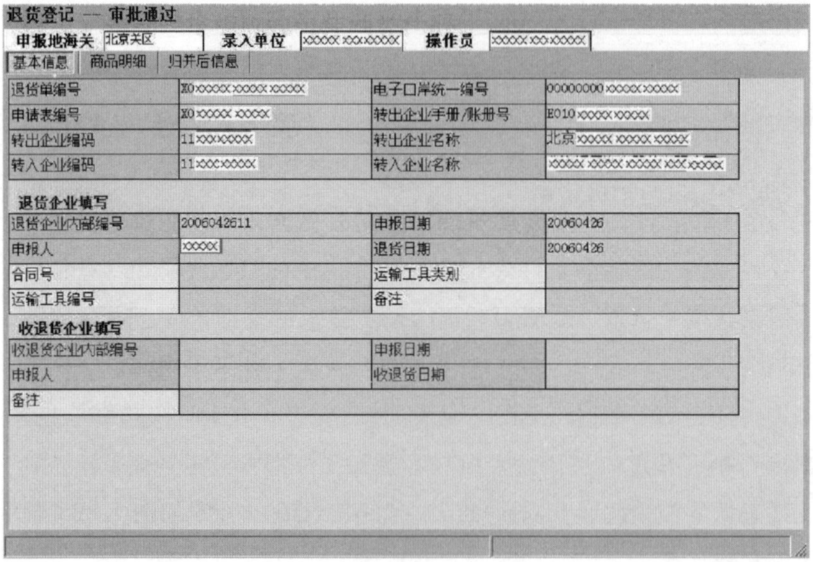
退货登记 —— 审批通过
申报地海关 北京关区
录入单位
操作员
基本信息
商品明细
归并后信息
退货单编号
电子口岸统一编号
申请表编号
转出企业手册/账册号
转出企业编码
转出企业名称
转入企业编码
转入企业名称
退货企业填写
退货企业内部编号 2006042611
申报日期 20060426
申报人
退货日期 20060426
合同号
运输工具类别
运输工具编号
备注
收退货企业填写
收退货企业内部编号
申报日期
申报人
收退货日期
备注

图 5－36

图 5–37

五、外发加工操作实务操作及技巧

(一) 外发加工系统介绍

加工贸易外发加工是指经营企业因受自身生产特点和条件限制,经海关批准并办理有关手续,委托承揽企业对加工贸易货物进行加工,在规定期限内将加工后的成品运回本企业并最终复出口的行为。外发加工是加工贸易发展到一定程度衍生出来的一种生产形式,随着加工贸易的不断深化、国际分工合作的持续加强、产业集聚效应的进一步显现,外发加工的市场需求不断扩大,并以其便捷性和灵活性受到越来越多的企业欢迎。外发加工是加工贸易中的一个重要环节,在响应国家西部大开发战略,实现沿海地区与中西部内陆地区之间产业的梯度转移,延长产业链等方面,将发挥巨大的作用。

外发加工的首要条件便是"经海关批准"。因为保税料件外发至其他工厂进行加工从海关监管角度来讲具有一定风险,所以开展外发之前企业需要向海关进行备案申请。目前企业需要通过电子口岸 QP 预录入系统向海关提交外发加工备案申请和收发货单备案申请,电子口岸平台负责将企业申报的数据向海关传递并向企业反馈海关审批意见。

(二) 如何进入外发加工系统

进入 WINDOWS 操作系统,将企业操作员 IC 卡插入连接在电脑上的 IC 卡读卡器中,或将操作员 IKEY 卡插入电脑的 USB 接口。当 IC 卡和

IKEY卡同时使用时，IC 卡优先。

从 WINDOWS 桌面上双击海关预录入系统 4.0 版或电子口岸预录入客户端的图标，出现系统登录界面，输入电子口岸卡密码登录，如图 5-38 所示：

图 5-38

输入口令（密码），点击"确认"，进入电子口岸子系统选择界面，如图 5-39 所示。

点击"深加工结转"进入系统界面。

（三）外发加工实务操作及技巧

1. 如何备案申请表

在"外发加工申请表"功能菜单中点击"备案申请"，进入"备案申请"界面，如图 5-40 所示。

外发加工申请表备案分为"基本信息备案"与"商品明细备案"两部分。

基本信息备案的填写规范见表 5-17。

图 5-39

图 5-40

表 5-17

字段名称	填写规范
申请表编号	当海关审批通过后,返回企业申请表编号。外发加工申请表编号为 12 位,编号规则是"G（1 位）+ 年份（2 位）+ 顺序号（9 位）";由系统自动返填,委托方企业无需填写。
电子口岸统一编号	当委托方企业申报的外发加工申请表入数据中心库成功后,数据中心返回给企业"电子口岸统一编号",电子口岸统一编号为 18 位数字。由系统自动返填,委托方企业无需填写。
申请表类型	必填项。不允许录入,由系统自动返填。
企业内部编号	委托方企业自定义编号,但此编号应在企业内部具有唯一性。
委托方企业代码	必填项。填写海关 10 位代码。
委托方企业名称	必填项。根据企业填写的委托方企业代码,系统自动返填企业名称,委托方企业无须填写。
委托方申报企业代码	必填项。最长 30 个字符。从录入的操作员卡自动调出。
委托方申报企业名称	必填项。从录入的操作员卡自动调出企业名称。
委托方手册/账册编号	必填项。12 位,录入要转出的手册/账册编号。
委托方海关	必填项。
委托加工合同号	非必填项。32 位。
加工期限	必填项。
委托方企业法人/联系电话	非必填项。
申报日期	必填项。当企业进行"申报"操作时,由系统返填,企业无需填写。
委托方企业申报人/联系电话	非必填项。
承揽方海关	非必填项。
承揽方企业代码	非必填项。

续表

字段名称	填写规范
承揽方企业名称	必填项。
承揽方企业法人/联系电话	非必填项。
目的地	必填项。5位地区代码，可从地区代码表中调出。
备注	非必填项。最多128位字符，可填写表格内项目未尽事宜。

委托方将基本信息录入完成，如图5－41所示：

图5－41

录入完基本信息后，在"备注"栏按回车键进入商品明细备案界面，基本信息未录入完成，不允许录入商品明细。如图5－42所示。

商品明细备案分为"外发货物商品"备案与"收回货物商品"备案两部分。商品明细备案具体填制规范见表5－18。

商品明细填写完成后，如图5－43所示。

当基本信息与商品明细录入完成后，点击"申报"数据向海关发送。

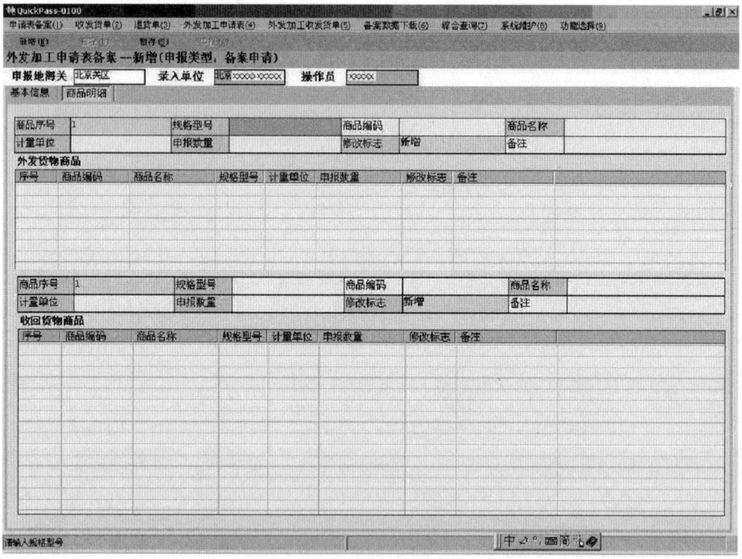

图 5-42

表 5-18

字段名称	填写规范
商品序号	必填项。由系统自动调出。
规格型号	必填项。
商品编码	非必填项。
商品名称	必填项。
计量单位	必填项。
申报数量	必填项。
修改标志	必填项。委托方企业无需填写。
备注	非必填项。最多128位字符，可填写表格内项目未尽事宜。

委托方企业在数据查询中查询到外发加工申请表状态显示为"审批通过"时（查询方法同深加工结转申请表），外发加工申请表正式建立。

2. 如何申请发货单

在"收发货单"菜单下，委托方企业可将外发给承揽方企业进行加工的货物商品进行"发货登记"；委托方企业可将从承揽方企业加工后收回的货物商品进行"收货登记"；委托方企业可在"数据查询"功能下，对收发货单进行查询、修改、撤销等操作。

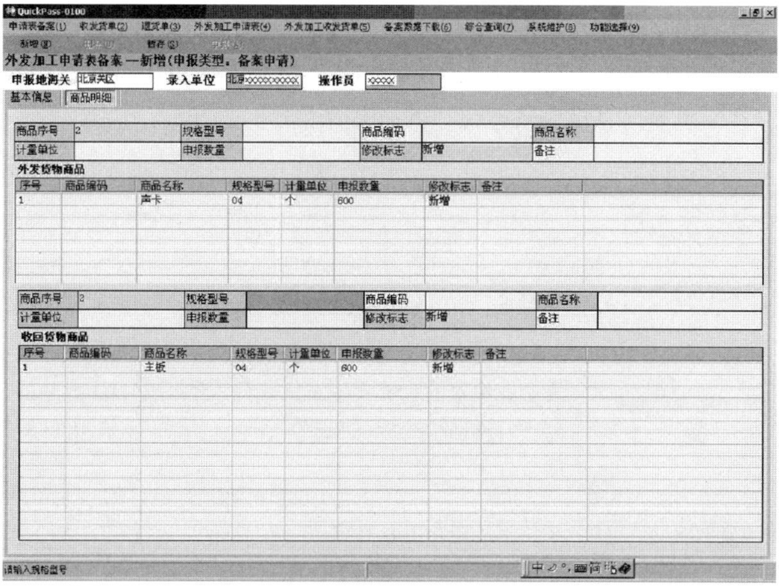

图 5-43

在收发货单功能菜单上，点击"发货登记"，进入"发货登记"界面，如图 5-44 所示：

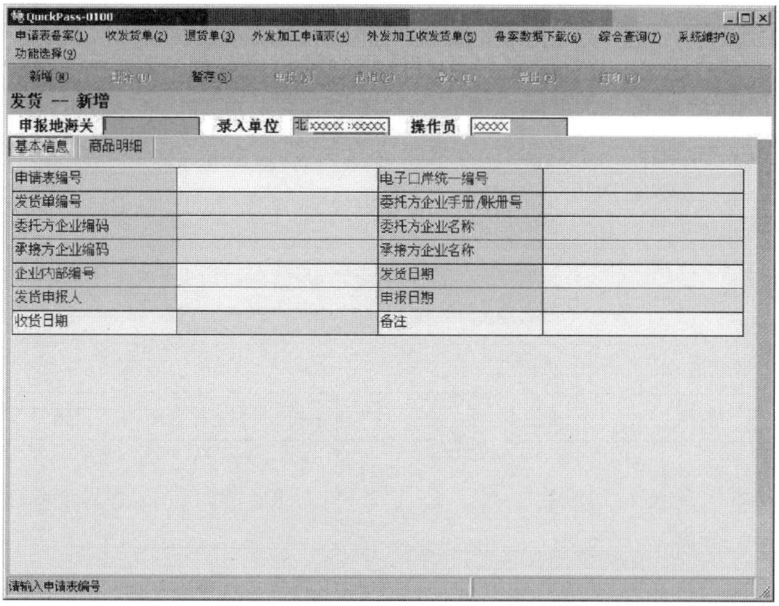

图 5-44

备案申请界面分为"基本信息"备案与"商品明细"备案两部分。企业先录入基本信息。

发货单基本信息填制规范见表5–19：

表5–19

字段名称	填写规范
申请表编号	必填项。由委托方企业录入，录入后调出相关信息。
电子口岸统一编号	必填项。由系统返填，发（收）货企业无需填写。当委托方企业申报的收发货单发货登入数据中心库成功后，数据中心返回给企业"电子口岸统一编号"，电子口岸统一编号为18位数字。
发货单编号	必填项。由系统自动返填。
委托方企业手册/账册号	必填项。由系统根据申请表编号自动调出，企业无需填写。
委托方企业编码	必填项。由系统根据申请表编号自动调出，企业无需填写。
委托方企业名称	必填项。由系统根据申请表编号自动调出，企业无需填写。
承揽方企业编码	必填项。由系统根据申请表编号自动调出，企业无需填写。
承揽方企业名称	必填项。由系统根据申请表编号自动调出，企业无需填写。
企业内部编号	必填项。20位字符内，录入本票发货单的企业自定义编号，但此编号应在企业内部具有唯一性。
发货日期	必填项。8位，格式为：年（4位）+月（2位）+日（2位）。
发货申请人	必填项。10位。
申报日期	必填项。当企业进行"申报"操作时，由系统返填，企业无需填写。
收货日期	必填项。
备注	非必填项。最多128位字符，可填写表格内项目未尽事宜。

基本信息录入完成后，在"备注"栏按回车键，进入商品明细界面，如图5–45所示。

委托方企业在商品明细表进行发货商品的商品明细登记。

发货登记商品明细各项信息具体填制规范见表5–20。

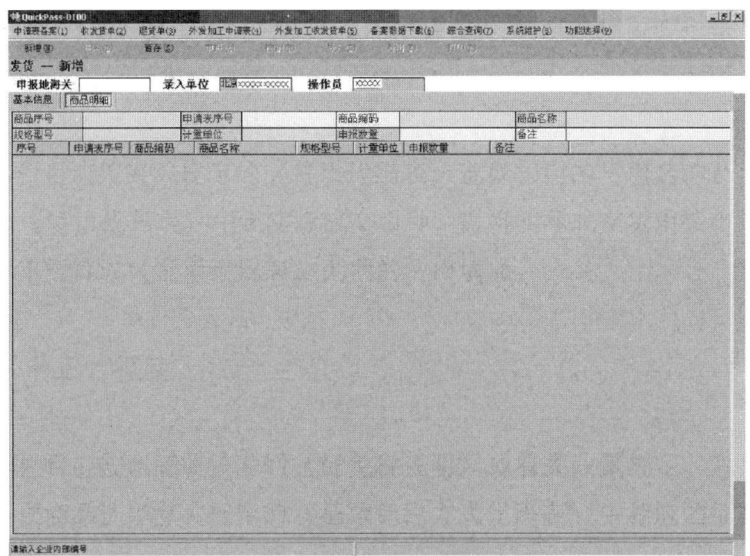

图 5-45

表 5-20

字段名称	填写规范
商品序号	必填项。由系统自动调出,按顺序排列。
申请表序号	必填项。填写该商品在外发加工申请表表体中备案的序号;录入该项后,系统会自动从外发加工申请表中调出"商品编码"、"商品名称"、"规格型号"、"计量单位"数据。
商品编码	不允许企业填写及修改,从外发加工申请表中调出。
商品名称	必填项。不允许企业填写及修改,从外发加工申请表中调出。
规格型号	必填项。不允许企业填写及修改,从外发加工申请表中调出。
计量单位	必填项。不允许企业填写及修改,从外发加工申请表中调出。
申报数量	必填项。不允许企业填写及修改,从外发加工申请表中调出。
备注	非必填项。最多128位字符,可填写表格内项目未尽事宜。

当基本信息与商品明细录入完成后,单击"暂存"按钮,系统提示"暂存成功",单击"申报"按钮完成外发加工发货登记。

委托方企业在数据查询中查询到发货单状态显示为"审批通过"时,查询到该票发货单的"收发货单编号"。

3. 如何申请收货单

当承揽方完成该批货物的加工后,委托方要回收加工后的商品时,委托方企业需进行收货操作。在"外发加工收发货单"里点击"收货登记",进入"收货登记"界面,如图5-46所示:

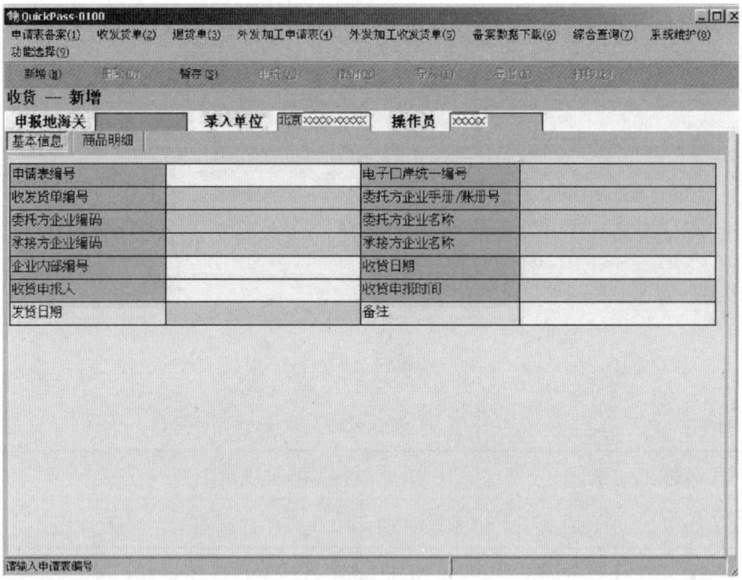

图5-46

收货申请分为"基本信息备案"与"商品明细备案"两部分。企业首先录入基本信息备案。收货单具体填写规范见表5-21:

表5-21

字段名称	填写规范
申请表编号	必填项。由委托方企业录入,录入后调出相关信息。
电子口岸统一编号	必填项。由系统返填,发(收)货企业无需填写。当委托方企业申报的收发货单发货登记入数据中心库成功后,数据中心返回给企业"电子口岸统一编号",电子口岸统一编号为18位数字。
收发货单编号	必填项。由系统自动返填。
委托方企业手册/账册号	必填项。由系统根据申请表编号自动调出,企业无需填写。

续表

字段名称	填写规范
委托方企业编码	必填项。由系统根据申请表编号自动调出，企业无需填写。
委托方企业名称	必填项。由系统根据申请表编号自动调出，企业无需填写。
承揽方企业编码	必填项。由系统根据申请表编号自动调出，企业无需填写。
承揽方企业名称	必填项。由系统根据申请表编号自动调出，企业无需填写。
企业内部编号	必填项。20位字符内，录入本票发货单的企业自定义编号，但此编号应在企业内部具有唯一性。
收货日期	必填项。8位，格式为：年（4位）+月（2位）+日（2位）。
收货申请人	必填项。10位。
收货申报日期	必填项。当企业进行"申报"操作时，由系统返填，企业无需填写。
发货日期	非必填项。
备注	非必填项。最多128位字符，可填写表格内项目未尽事宜。

基本信息录入完成后，在备注栏按回车键，系统自动进入商品明细界面，如图5-47所示：

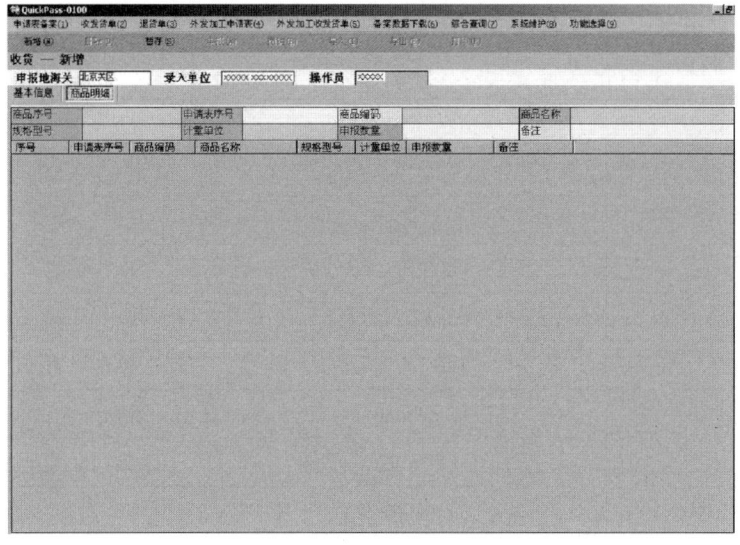

图5-47

委托方企业在商品明细表中将收货商品明细进行登记,收货登记商品明细各项信息具体填制规范见表5-22:

表5-22

字段名称	填写规范
商品序号	必填项。由系统自动按顺序生成。
申请表序号	必填项。填写该商品在外发加工申请表表体中备案的序号;录入该项后,系统会自动从外发加工申请表中调出"商品编码"、"商品名称"、"规格型号"、"计量单位"数据。
商品编码	非必填项。不允许企业填写及修改,从外发加工申请表中调出。
商品名称	必填项。不允许企业填写及修改,从外发加工申请表中调出。
规格型号	必填项。不允许企业填写及修改,从外发加工申请表中调出。
计量单位	必填项。不允许企业填写及修改,从外发加工申请表中调出。
申报数量	必填项。
备注	非必填项。最多128位字符,可填写表格内项目未尽事宜。

基本信息与商品明细录入完成后,检查无误,单击暂存按钮,系统提示"暂存成功",单击"申报"按钮完成外发加工发货登记。当委托方企业在数据查询中查询到收货单状态显示为"审批通过"时,说明收货单海关已经审核通过(查询方法同深加工结转收发货单查询方法)。

4. 如何撤销收发货登记

在收发货单菜单下,点击"数据查询",进入"收发货单数据查询"界面。设置要撤销的收发货登记的查询条件,查询结果如图5-48所示。

委托方企业选中要撤销的数据,单击"查看明细",进入收发货单明细信息界面,如图5-49所示。

如确认要撤销此票数据,单击"撤销"按钮,弹出如图5-50所示的提示框。

委托方企业输入"撤销原因"后,单击"确认"按钮,即向海关发送"撤销"申请。

第五章 深加工结转

> **小贴士** 外发加工进行收发货撤销时，撤销单据的状态必须为"审批通过"，才可以撤销。

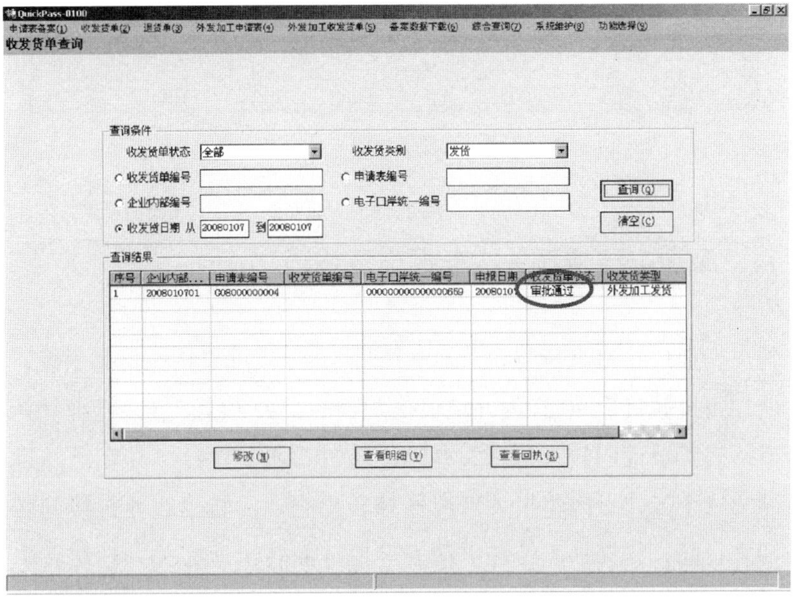

图 5-48

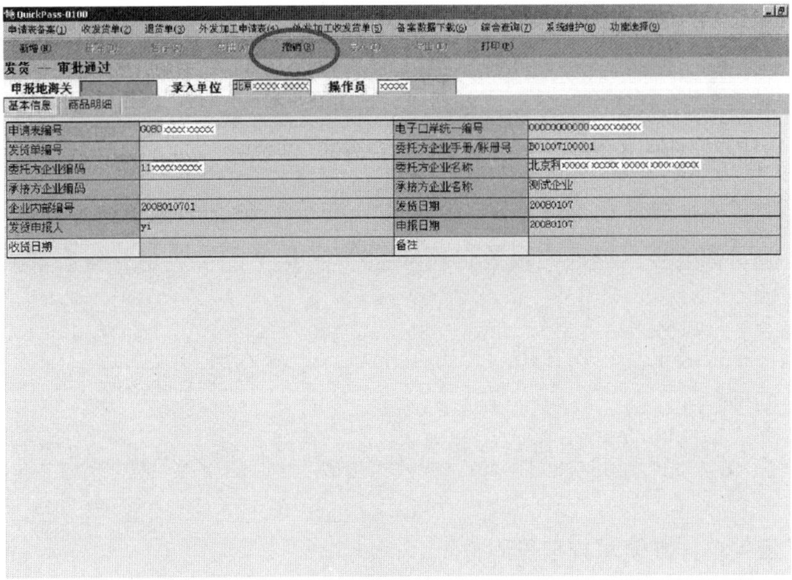

图 5-49

图 5-50

六、深加工结转报关实务操作及技巧

转出企业应在每批货物发货后 90 日内办结该批货物的报关手续，转入企业应在每批收货后 90 日内办结该批货物的报关手续。转入企业凭深加工结转申请表等单证向转入地海关办理结转进口报关手续，并在结转进口报关后的第二个工作日内将报关情况通知转出企业。转出企业自接到转入企业通知之日起，凭深加工结转申请表等单证向转出地海关办理结转出口报关手续。

在界面的功能菜单上，点击"报关申报"，进入"报关单"菜单，再点击进口报关单或出口报关单，进入"进口报关单"或"出口报关单"录入界面。企业除按报关单的填制规范录入报关单的相关内容外，对深加工结转报关单还必须填写如下内容：

随附单证代码：输入 K（深加工结转）；

随附单证编号：填写此报关单所对应的审批通过的结转申请表编号；

关联备案号：录入此报关单所对应的转出（转入）企业备案的手册/账册号；

关联报关单号：仅在出口报关单中录入。录入所对应的进口报关单的报关单号。

以上内容均填写完成后，检查无误，即可向海关申报。如图 5-51 所示。

报关单详细填写规范见附件 1。

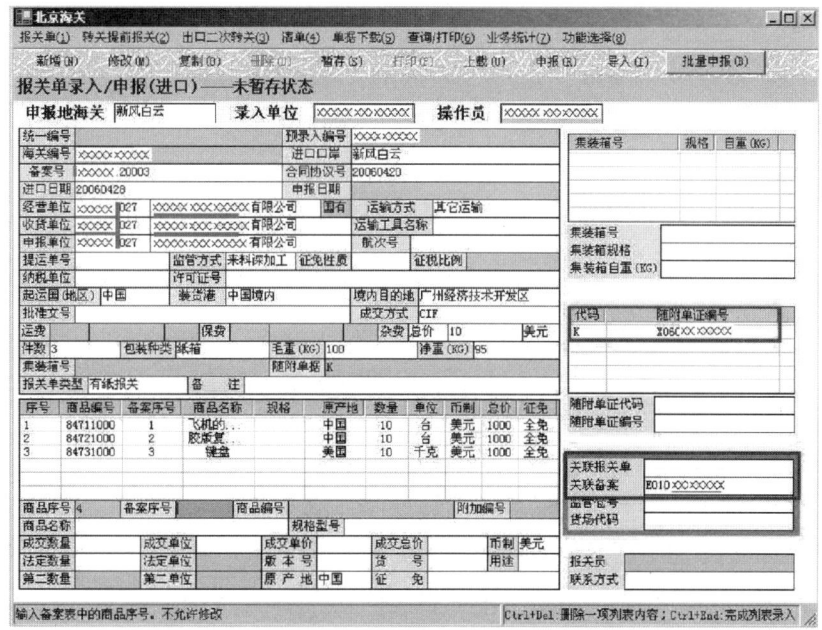

图 5–51

第三节 注意事项

1. 一份深加工结转申请表对应一个转出企业和一个转入企业。

2. 深加工结转申请表从转入地海关审核通过之日起生效，有效期不能超过对应转出、转入加贸手册的有效期，逾期不能收发货和退货。

3. 一般保税货物的深加工结转申请表，企业申报后，必须是转出地海关先审核，转入地海关才能审核。出口加工区货物深加工结转申请表审核顺序相反。

4. 只有当收货方没有申报收货登记时，才能进行撤销操作。对于一般保税货物进行发货撤销时，撤销单据的发货状态必须为"审批通过"。对于出口加工区货物进行发货撤销时，撤销单据的发货状态必须为"审批未通过（未过卡口）"或"审批通过"。

第六章 出口加工区

第一节 出口加工区系统介绍

出口加工区具有从事保税加工、保税物流及研发、检测、维修等业务的功能，出口加工区内设出口加工企业、仓储物流企业，以及经海关核准专门从事区内货物进、出的运输企业。

出口加工区是海关监管的特定区域。出口加工区与境内其他地区之间设置符合海关监管要求的隔离设施及闭路电视监控系统，在进出区通道设立卡口。海关在加工区内设立机构，并依照有关法律和行政法规对进、出加工区的货物及区内相关场所实行24小时监管。除安全保卫人员和企业值班人员外，其他人员不得在加工区内居住。不得建立营业性的生活消费设施。区内企业应建立符合海关监管要求的电子计算机管理数据库，并与海关实行电子计算机联网，进行电子数据交换。

为了实现从企业申报到海关审批电子化，中国电子口岸数据中心开发了"出口加工区电子账册"预录入系统。企业通过该系统向海关进行加工账册、物流账册备案、变更、报关、报核等数据的电子申报。

第二节 出口加工区实务操作及技巧

一、系统登录

将企业的IC卡插入连接在电脑上的IC卡读卡器中，或将操作员的I-

KEY 卡插入电脑的 USB 接口。当 IC 卡和 IKEY 卡同时使用时，IC 卡优先。双击电脑桌面上的"电子口岸预录入客户端"程序图标，如图 6-1 所示：

图 6-1

确认电子口岸读卡器及电子口岸卡已正常连接，输入企业的电子口岸操作员卡密码，点击"确认"进入系统，点击"出口加工区"子系统，进行出口加工区业务操作，如图 6-2 所示：

图 6-2

二、出口加工区加工账册实务操作及技巧

(一) 电子账册备案实务操作及技巧

在系统界面上方的功能菜单上,点击电子账册中的"备案申请",进入备案申请界面,如图 6-3 所示:

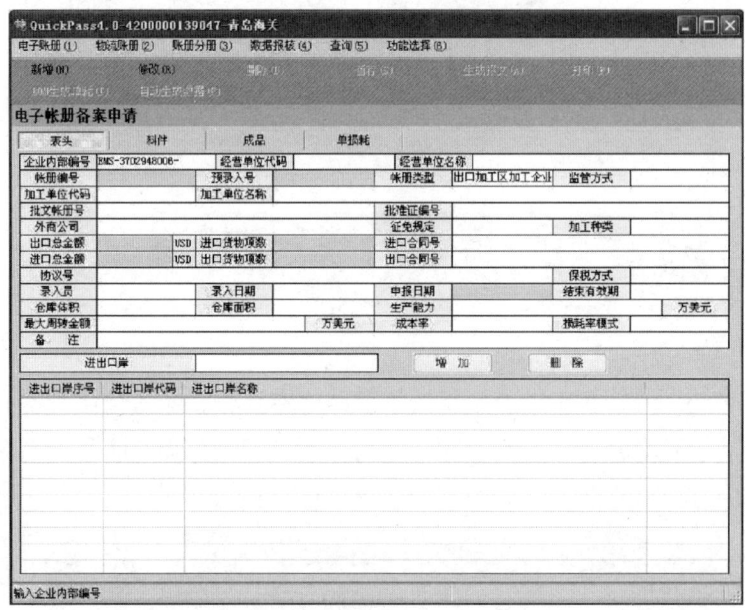

图 6-3

电子账册备案申请分为表头、料件、成品、单损耗四部分,企业首先录入表头部分,具体录入方法见表 6-1:

表 6-1

字段名称	填写规范
企业内部编号	企业输入"企业内部编号",在内部编号中只能使用英文和数字,不能出现特殊字符,海关通过"企业内部编号"+"经营单位代码"确定单证的唯一性,企业应使用有自己特点的编号。

续表

字段名称	填写规范
经营单位代码	录入加工贸易经营企业海关 10 位代码。
经营单位名称	录入加工贸易经营企业海关 10 位代码后自动调出。
账册编号	不可填,账册海关审核后自动返填。
预录入号	不可填。
账册类型	必填项,按空格键选择,包含"出口监管仓"、"出口加工区加工企业"、"出口加工区仓储企业"、"设备手册",默认为"出口加工区加工企业"。
监管方式	选填项,根据海关要求填写,一般为空。
加工单位代码	录入加工贸易加工企业海关 10 位代码。
加工单位名称	录入加工贸易加工企业海关 10 位代码后自动调出。
批文账册号	选填项,一般为空。
批准证编号	选填项,根据海关要求填写。
外商公司	选填项,根据海关要求填写,一般为空。
征免规定	全免。
加工种类	点击空格键选择企业的实际加工种类。
出口总金额	不可填。
进口货物项数	不可填。
进口合同号	选填项,根据海关要求填写,一般为空。
进口总金额	不可填。
出口货物项数	不可填。
出口合同号	选填项,根据海关要求填写,一般为空。
协议号	选填项,根据海关要求填写,一般为空。
保税方式	选填项,根据海关要求填写,一般为空。
录入员	选填项,填写录入人员名称。
录入日期	按回车键后,根据计算机时间自动生成。
申报日期	不可填,企业申报后系统自动生成。
结束有效期	根据海关要求填写,账册在该有效期前可正常使用。
仓库体积	选填项,根据海关要求填写。

续表

字段名称	填写规范
仓库面积	选填项，根据海关要求填写。
生产能力	根据商务部门核准的加工能力批准证内容填写。注意：单位是万美元（例如：1 000万美元，只需要填写1 000）
最大周转金额	不能超过生产能力的一半。
成本率	选填项，根据海关要求填写，一般为空。
损耗率模式	选填项，根据海关要求填写，一般为空。
备注	选填项，填写海关或企业需要说明的其他内容。
进出口岸	根据企业报关情况填写，可为空。不填则默认在全国各口岸均可报关。

表头数据录入完毕后，点击保存进入料件表录入界面，如图6－4所示：

图6－4

料件表各字段的填写规范见表 6－2：

表 6－2

字段名称	填写规范
货号	选填项，企业可自行编写货号，或根据企业 ERP 系统中货物信息编写，一般由英文字母、数字组成。
处理标志	系统自动生成，增加商品时为"新增"，修改商品时为"修改"。
商品编码	录入 10 位 HS 编码。
商品名称	录入商品的品名。
分类标志	必填项，根据实际情况填写，分为"非主料"和"主料"。
商品规格型号	必填项，录入商品申报要素后自动生成。
计量单位	必填项，填写商品计量单位。
法定单位	不可填，录入商品编码自动调出。
第二单位	不可填，录入商品编码自动调出。（某些商品没有第二单位）
产终地	选填项，根据海关要求填写，一般为空。
申报单价	选填项，根据海关要求填写，一般为空。
币制	填写商品进出口币制。
申报单价（人民币）	选填项，根据海关要求填写，一般为空。
申报数量	选填项，根据海关要求填写，一般为空。
批准最大余量	选填项，根据海关要求填写。
初始数量	选填项，根据海关要求填写。
法定单位比例	选填项，根据海关要求填写。
第二单位比例	选填项，根据海关要求填写，一般为空。
重量比例因子	选填项，根据海关要求填写，一般为空。
征免方式	一般为"全免"。
备注	选填项，根据海关要求填写，一般为空。

料件表录入完毕，点击进入到成品表界面继续录入，如图 6－5 所示。

成品表各字段的录入方法见表 6－3。

企业录入完毕成品表后，继续录入单损耗表，如图 6－6 所示。

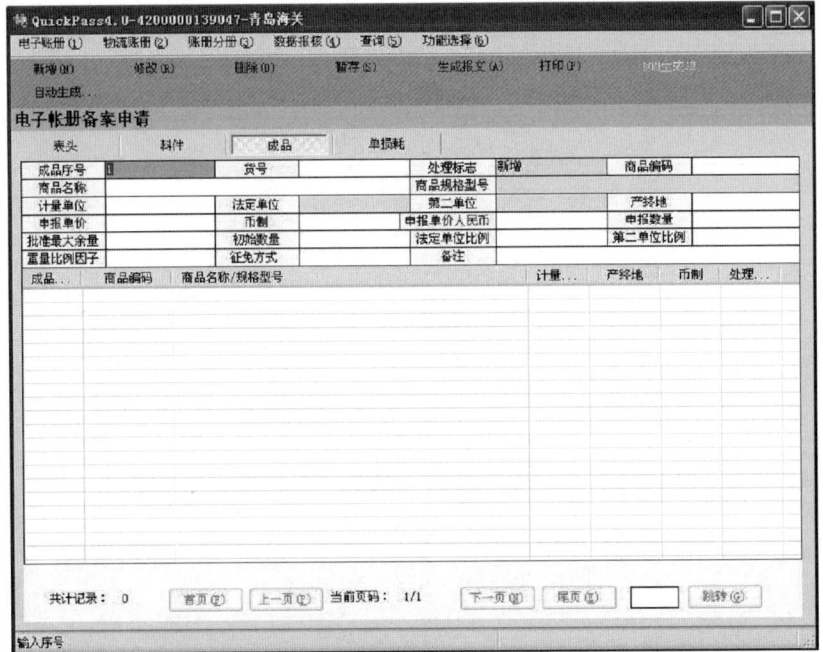

图 6-5

表 6-3

字段名称	填写规范
货号	选填项，企业可自行编写货号，或根据企业 ERP 系统中货物信息编写，一般由英文字母、数字组成。
处理标志	系统自动生成，增加商品时为"新增"，修改商品时为"修改"。
商品编码	录入 10 位 HS 编码。
商品名称	录入商品的品名。
分类标志	根据实际情况填写，分为"非主料"和"主料"。
商品规格型号	录入商品申报要素后自动生成。
计量单位	必填项，填写商品计量单位。
法定单位	不可填，录入商品编码自动调出。
第二单位	不可填，录入商品编码自动调出。（某些商品没有第二单位）
产终地	选填项，根据海关要求填写，一般为空。
申报单价	选填项，根据海关要求填写，一般为空。

续表

字段名称	填写规范
币制	填写商品进出口币制。
申报单价（人民币）	选填项，根据海关要求填写，一般为空。
申报数量	选填项，根据海关要求填写，一般为空。
批准最大余量	选填项，根据海关要求填写。
初始数量	选填项，根据海关要求填写。
法定单位比例	选填项，根据海关要求填写。
第二单位比例	选填项，根据海关要求填写，一般为空。
重量比例因子	选填项，根据海关要求填写，一般为空。
征免方式	一般为"全免"。
备注	选填项，根据海关要求填写，一般为空。

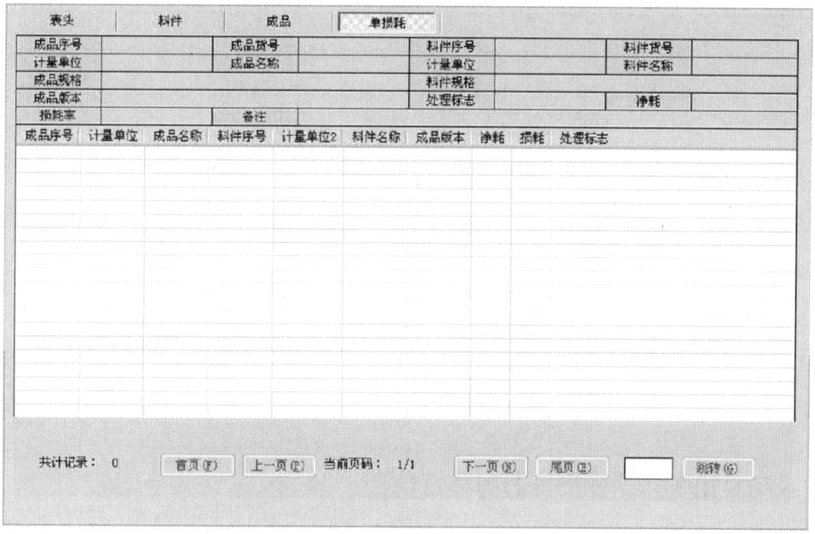

图 6-6

单损耗表的录入规范见表 6-4。

表头、料件、成品、单损耗表录入完毕，企业检查数据无误，即可点击"生成报文"按钮，向海关申报。海关对备案数据进行审核，审核通过后产生以"H"开头的电子账册编号。

表6-4

字段名称	填写规范
成品序号	必填项。最多9位数字（一般4位数字即可），录入的序号须存在于成品表中。
成品货号	不可填。由系统自动调出。
料件序号	必填项。最多9位数字（一般4位数字即可），录入的序号须存在于料件表中。
料件货号	不可填。由系统自动调出。
计量单位	指成品计量单位。不可填。由系统自动调出。
成品名称	不可填。由系统自动调出。
计量单位	指料件计量单位。不可填。由系统自动调出。
料件名称	不可填。由系统自动调出。
成品规格	不可填。由系统自动调出。
料件规格	不可填。由系统自动调出。
成品版本	必填项。最多9位数字。成品版本是指随着企业工艺的改进和技术水平的提高等，企业的单损耗（净耗＋工艺损耗）会有变化，因此有不同的成品版本。不同的单损耗对应不同的成品版本，不同的成品可以对应相同的成品版本。
净耗	必填项。物化在单位成品中的料件的数量。
损耗率	必填项。损耗率为百分数，填写时只填百分号前的数值，而不填百分号。比如，计算结果损耗率是10%，则只填10。
备注	非必填项。可填写表格内项目未尽事宜。

（二）电子账册变更实务操作及技巧

若企业想修改海关审批通过后的电子账册备案数据，则必须进行变更申请。变更申请时，点击"电子账册"中的"变更申请"，如图6-7所示。

进入变更申请界面，用户录入"账册编号"后按回车键，即可调出已备案的电子账册，如图6-8所示。

图 6-7

图 6-8

企业如需要新增商品，录入方法同备案。企业若要修改商品，录入需要修改商品的序号，按回车键后即可调出该项商品，企业对调出的内容修改即可。数据新增或修改完毕，检查数据无误，企业即可申报，待海关审核通过后，数据生效。

(三) 电子账册报关申报实务操作与技巧

出口加工区企业的报关大体可分为与境外之间的报关和与境内区外之间的报关两种情况。出口加工区企业与境外之间的进出口企业，企业需填写进出境货物备案清单向海关申报，一般采用转关或直通方式申报。出口加工区企业与境内区外之间的报关，一般由区内企业申报进出境备案清单，区外企业申报进出口报关单。

区内企业报关单申报操作方法如下：

企业点击报关申报系统进入，企业在备案号录入海关审核通过的出口加工区电子账册编号，按回车键后调出企业的基本信息，如图6-9所示：

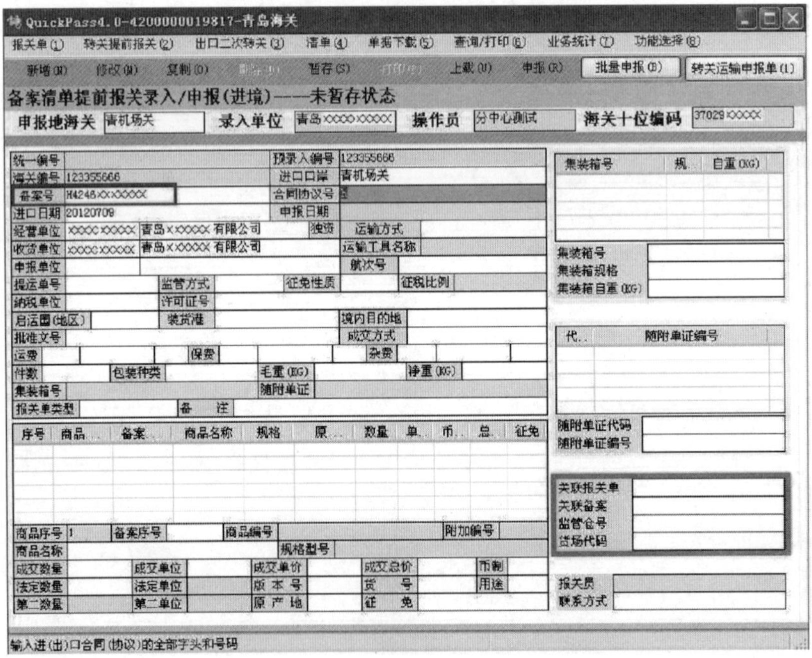

图 6-9

企业按照报关单填制规范填写完报关单表头数据后,进入到报关单表体的录入,企业在备案序号处录入序号,即可调出已备案的商品信息,如图 6-10 所示:

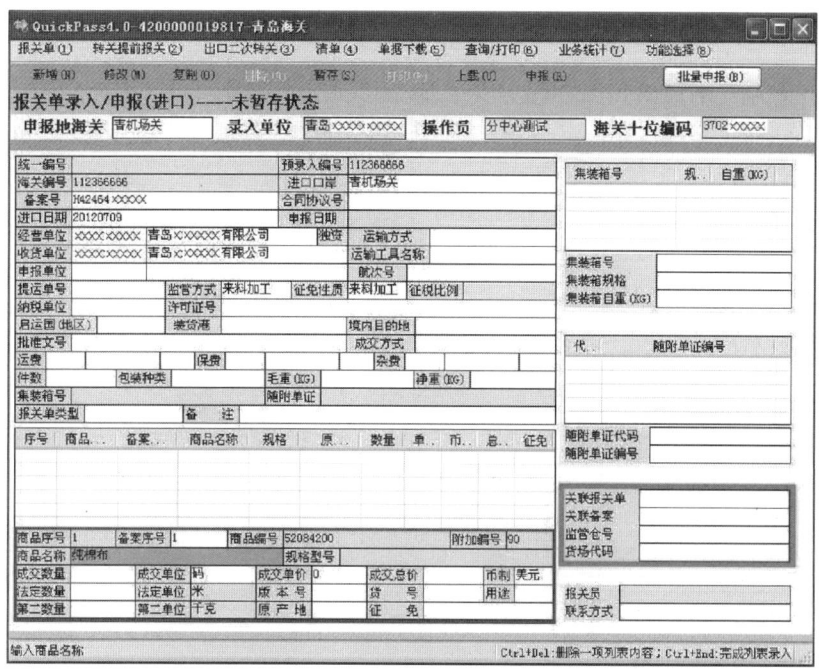

图 6-10

企业把报关单填写完整后,检查无误即可申报,等待海关审核。
报关单详细的填写方法见附件 1。

(四)数据报核

出口加工区电子账册的数据报核方法同区外电子账册的操作方法。

第三节 出口加工区物流账册实务操作及技巧

出口加工区物流账册属于记账式电子账册,企业只需要备案表头数据。在系统界面上方的功能菜单上,点击"物流账册",进入"备案申请"

菜单界面，如图 6-11 所示：

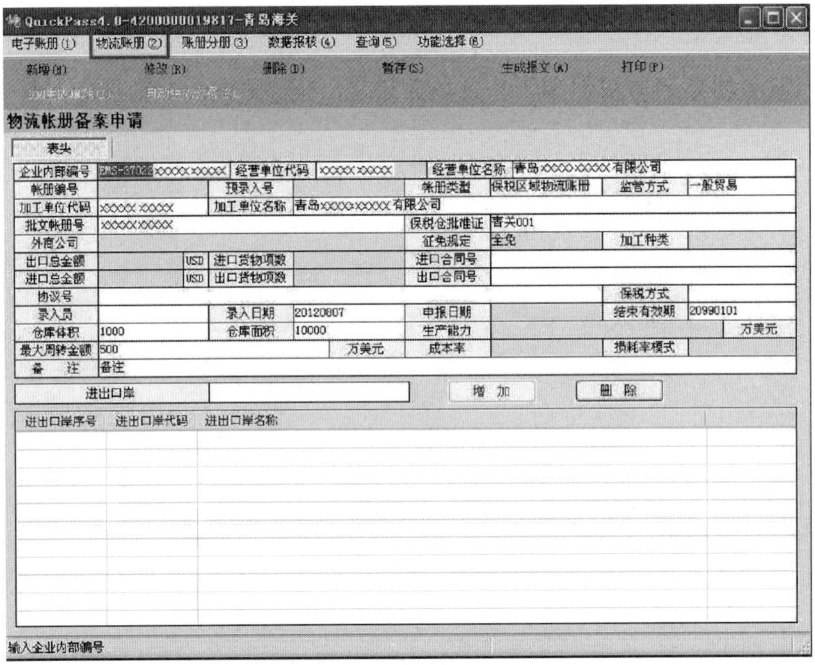

图 6-11

物流账册各字段填写方法如表 6-5：

表 6-5

字段名称	填写规范
企业内部编号	企业输入"企业内部编号"，在内部编号中只能使用英文和数字，不能出现特殊字符，海关通过"企业内部编号"+"经营单位代码"确定单证的唯一性，企业应使用有自己特点的编号。
经营单位代码	录入加工贸易经营企业海关 10 位代码。
经营单位名称	录入加工贸易经营企业海关 10 位代码后自动调出。
账册编号	不可填，账册海关审核后自动返填。
预录入号	不可填。
账册类型	默认账册类型为 W-保税区域物流账册。

续表

字段名称	填写规范
监管方式	选填项，根据海关要求填写，一般为空。
加工单位代码	录入加工贸易加工企业海关10位代码。
加工单位名称	录入加工贸易加工企业海关10位代码后自动调出。
批文账册号	选填项，一般为空。
保税仓批准证	选填项，根据海关要求填写。
外商公司	选填项，根据海关要求填写，一般为空。
征免规定	全免。
加工种类	点击空格键选择企业的实际加工种类。
出口总金额	不可填。
进口货物项数	不可填。
进口合同号	选填项，根据海关要求填写，一般为空。
进口总金额	不可填。
出口货物项数	不可填。
出口合同号	选填项，根据海关要求填写，一般为空。
协议号	选填项，根据海关要求填写，一般为空。
保税方式	选填项，根据海关要求填写，一般为空。
录入员	选填项，填写录入人员名称。
录入日期	按回车键后，根据计算机时间自动生成。
申报日期	不可填，企业申报后系统自动生成。
结束有效期	根据海关要求填写，账册在该有效期前可正常使用。
仓库体积	选填项，根据海关要求填写。
仓库面积	选填项，根据海关要求填写。
生产能力	不可填。
最大周转金额	根据企业实际情况填写。
成本率	不可填。
损耗率模式	不可填。
备注	选填项，填写海关或企业需要说明的其他内容。
进出口岸	根据企业报关情况填写，可为空。

账册表头数据录入完毕后，企业点击生成报文即可完成向海关的申报，海关审核通过后生成"HW"的物流账册编号。

企业使用 HW 账册报关申报时，报关单表头的录入方法同 H 账册的录入方法，报关单表体备案序号、商品信息等需要企业手工录入，备案序号不允许重复。HW 账册的变更和查询操作参考出口加工区加工账册的操作方法。

第四节　注意事项

1. 企业在申报出口加工区电子账册数据之前，需要联系当地分中心配置 MQ，否则数据无法传输。

2. 出口加工区加工账册与区外电子账册相比，没有经营范围、归并关系的备案，企业直接录入账册数据进行备案。

第七章 保证金台账

第一节 保证金台账系统简介

近年来,国家相继出台了针对加工贸易的宏观调控政策,海关总署根据国务院关于加工贸易政策调整的有关增加各商业银行和外资银行办理保证金台账业务的措施要求,并结合保税加工监管作业流程再造的要求,提出了保证金台账电子化管理项目业务需求方案。该方案以电子化手册为载体,全面实现保证金台账的电子化签发、自动回执登记、与银行自动对账等智能化管理功能,同时依托中国电子口岸数据交换平台,实现各部委、各银行对保税加工业务的"齐抓共管、综合治理"的总体目标。为此,中国电子口岸数据中心开发了"保证金台账"子系统。

本系统主要为企业提供了查询保证金电子台账详细信息及状态的功能。

第二节 保证金台账实务操作及技巧

一、系统登录

进入 WINDOWS 操作系统,将企业操作员 IC 卡插入连接在电脑上的 IC 卡读卡器中,或将操作员 IKEY 卡插入电脑的 USB 接口。当 IC 卡和 IKEY 卡同时使用时,IC 卡优先。

从 WINDOWS 桌面上双击海关预录入系统 4.0 版或电子口岸预录入客户端的图标，出现系统登录界面，如图 7-1 所示：

图 7-1

输入企业电子口岸卡密码登录进入，选择"保证金台账"子系统。如图 7-2 所示：

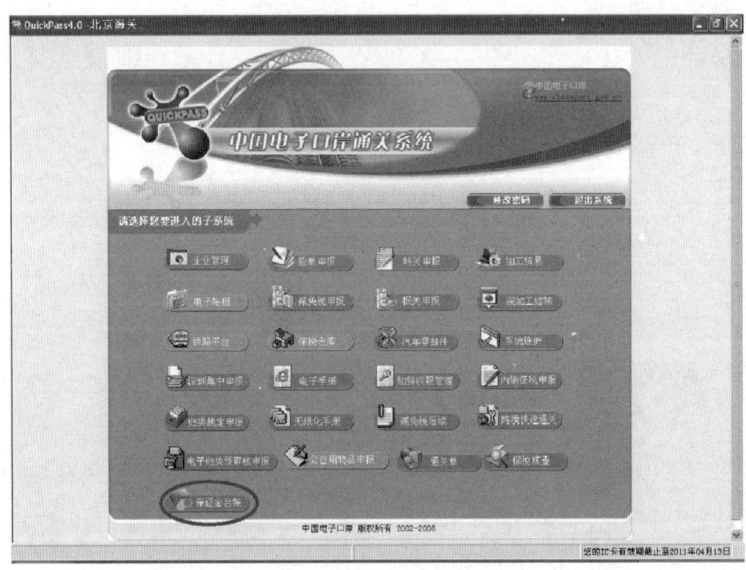

图 7-2

二、如何查询保证金电子台账信息

QP 预录入系统中的保证金台账系统为企业提供了电子台账联系单的查询功能。企业在无纸化手册备案预录入环节，须选择填报台账银行，海关审核通过并开设银行保证金台账联系单后，方能在"保证金台账"子系统内进行查询、打印等操作。

进入"保证金台账"子系统，点击"联系单查询"菜单，即进入"查询界面"，如图 7 – 3 所示：

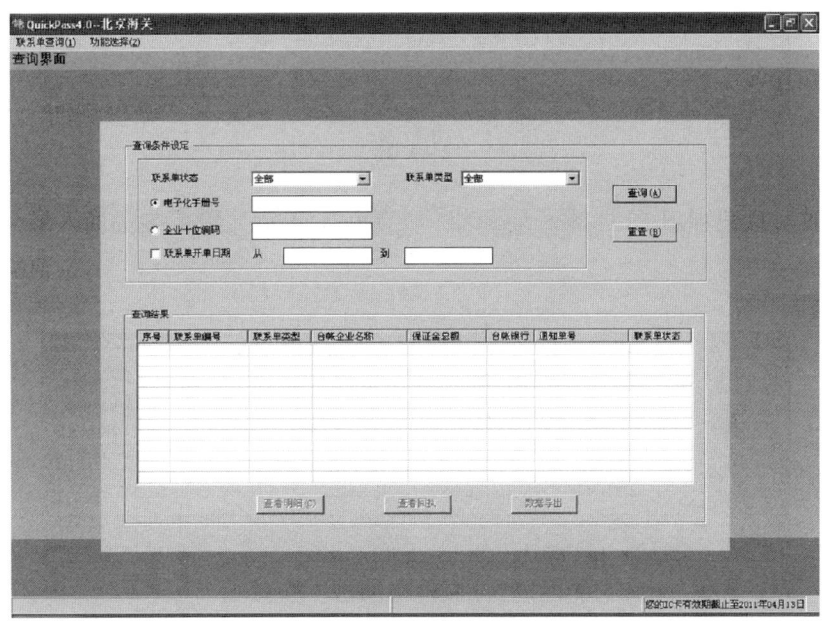

图 7 – 3

输入相应查询条件："电子化手册号"与"企业十位编码"任选一项为必填项，执行查询操作，如图 7 – 4 所示。

选中查询到的记录，点击查看回执，可以查询到回执的详细内容，如图 7 – 5 所示。

在查询结果列表中选中一条记录后，点击"查看明细"按钮，如图 7 – 6 所示。

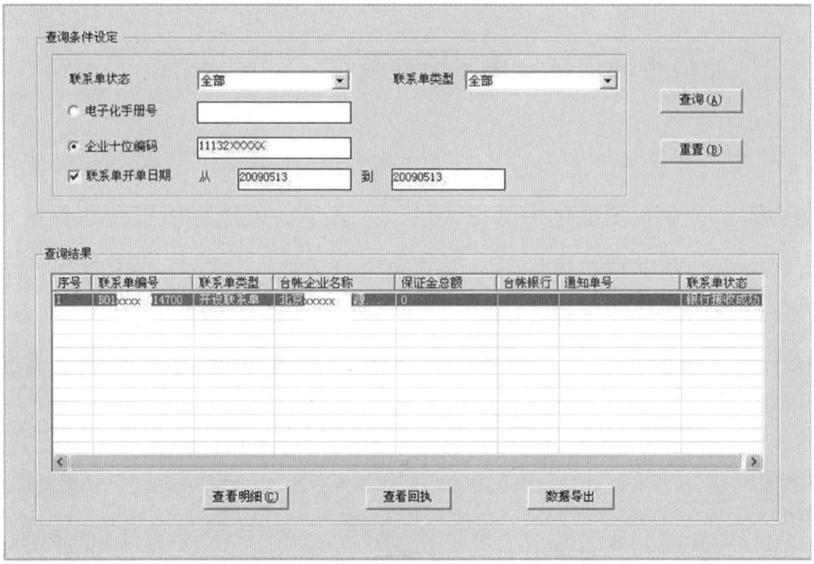

图 7-4

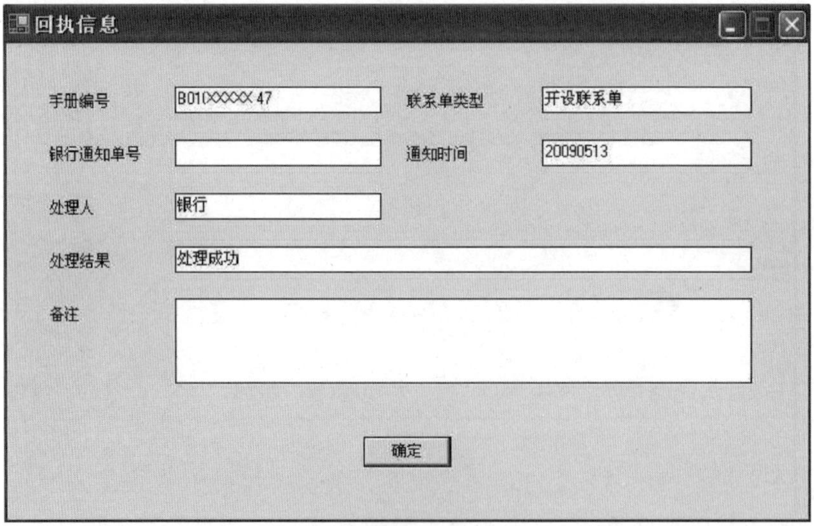

图 7-5

进入联系单明细界面,查询联系单的详细信息,如图 7-7 所示。

企业的联系单包括以下几种状态:

● 已接收海关联系单:电子口岸已接收到海关开设的保证金联系单电子信息;

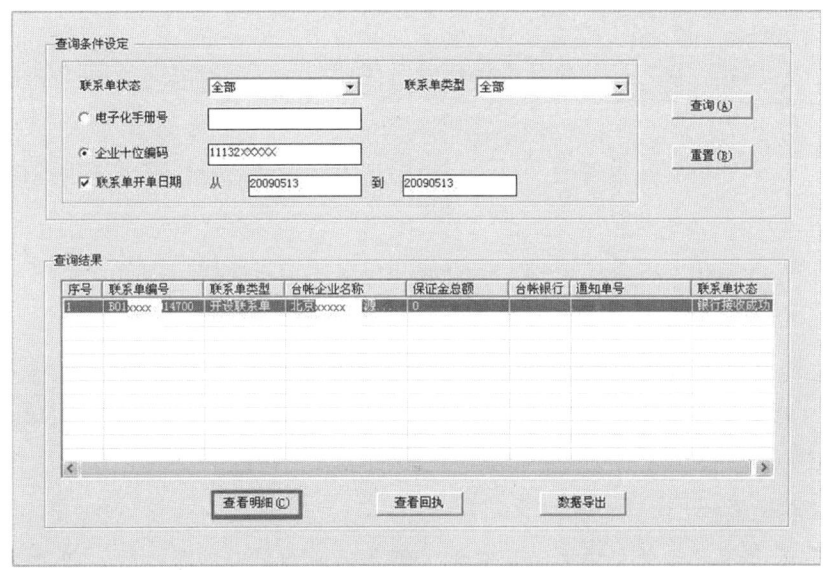

图 7-6

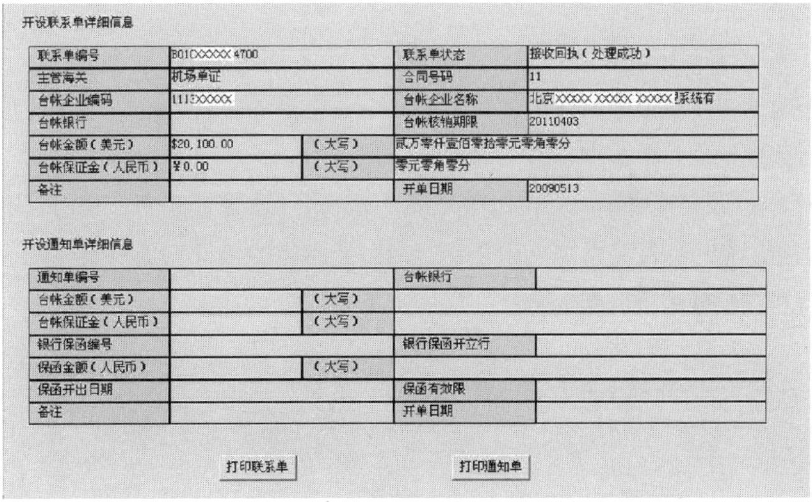

图 7-7

• 联系单已转发银行：电子口岸已经把保证金联系单电子信息向银行转发；

• 联系单银行已接收成功：企业对应的台账银行已经成功接收到电子口岸转发的保证金联系单电子信息；

• 联系单银行接收失败：企业对应的台账银行没有正常接收到电子口

岸转发的电子信息；

● 已接收银行通知单：电子口岸已成功接收到银行发送的通知单电子信息；

● 通知单已转发海关：电子口岸已把银行发送的通知单电子信息向海关转发；

● 通知单入海关库成功：银行通知单电子信息已成功入海关库；

● 通知单入海关库失败：银行通知单信息没有正常入库。

联系单包括以下几种类型：

● 开设联系单：指海关系统在无纸化手册审批成功后，通过中国电子口岸保证金台账电子化系统向企业指定的银行发送电子化的开立保证金台账联系单数据；

● 变更联系单：指海关系统在无纸化手册变更审批通过后，通过中国电子口岸保证金台账电子化系统向企业指定的银行发送电子化的保证金台账变更联系单数据；

● 正常核销联系单：指海关系统在无纸化手册核销审批通过后，通过中国电子口岸保证金台账电子化系统向企业指定的银行发送电子化的保证金台账核销联系单数据；

● 挂账停账联系单：指海关系统在无纸化手册未能正常核销时，通过中国电子口岸保证金台账电子化系统向企业指定的银行发送电子化的保证金台账核销联系单数据。

三、如何打印或导出保证金电子台账信息

企业在查询到保证金台账联系单或通知单详细信息后，可点击打印联系单、打印通知单，以便打印保证金台账信息供核对。

点击打印联系单按钮，可打印联系单信息，如图7-8所示。

点击打印通知单按钮，可打印通知单信息，如图7-9所示。

企业可在保证金台账联系单查询界面，点击"数据导出"，将查询结果以EXCEL表格形式导出，如图7-10所示。

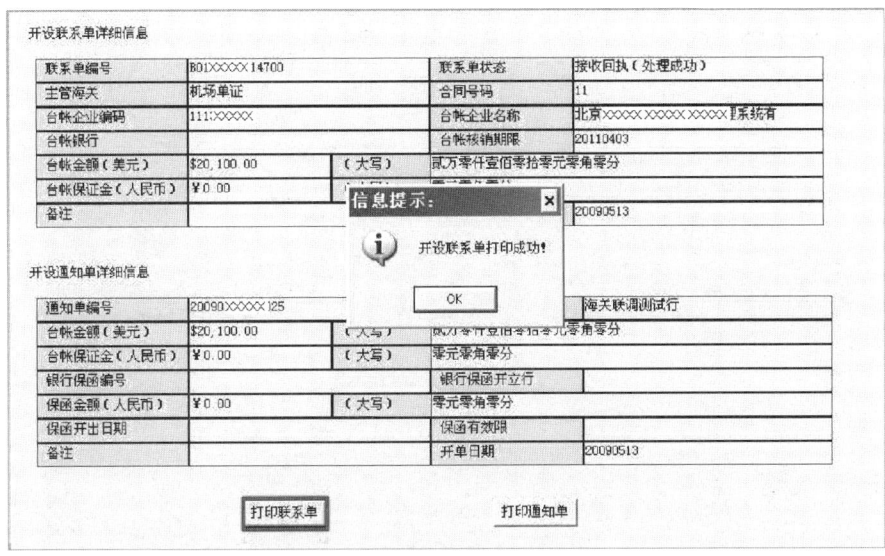

图 7-8

图 7-9

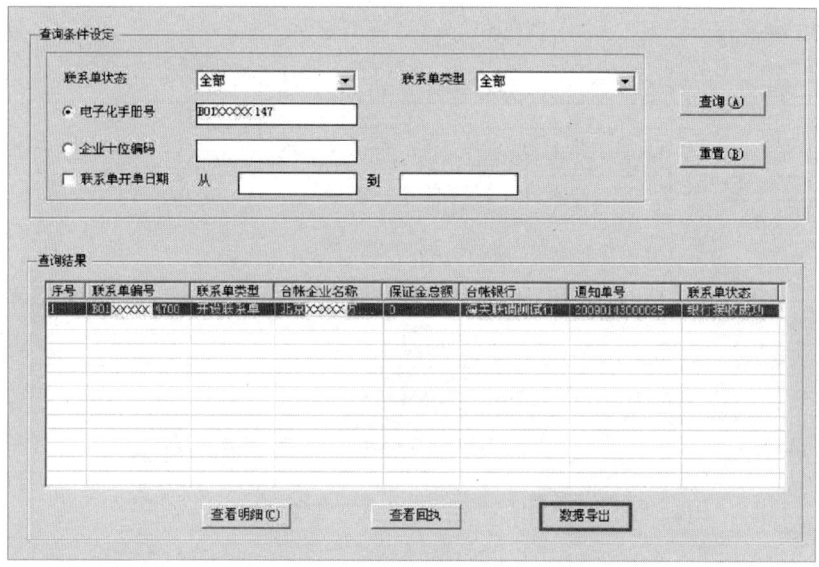

图 7-10

第八章 加贸权限管理

第一节 加贸权限管理介绍

在电子账册、无纸化手册等系统不断推广使用过程中,系统权限问题显得越来越重要,尤其是某些关区的加工贸易企业组织结构关系复杂,存在一个经营单位对应多家加工单位的情况,另外在全国范围内委托报关、异地报关等业务也普遍存在,加工贸易系统的身份认证管理显得尤为重要。

加贸权限管理系统很好地解决了权限管理问题,方便企业进行权限的授予与取消。

第二节 加贸权限管理实务操作及技巧

一、系统登录

进入 WINDOWS 操作系统,将企业法人 IC 卡插入连接在电脑上的 IC 卡读卡器中,或将法人 IKEY 卡插入电脑的 USB 接口。当 IC 卡和 IKEY 卡同时使用时,IC 卡优先。

从 WINDOWS 桌面上双击海关预录入系统 4.0 版或电子口岸预录入客户端的图标,出现系统登录界面,输入电子口岸卡密码登录,如图 8-1 所示:

图 8-1

确认电子口岸读卡器及电子口岸卡已正常连接,输入企业的电子口岸法人卡密码,点击确认。

选择"加贸权限管理",点击进入,即可进行加工贸易权限的相关操作,如图 8-2 所示:

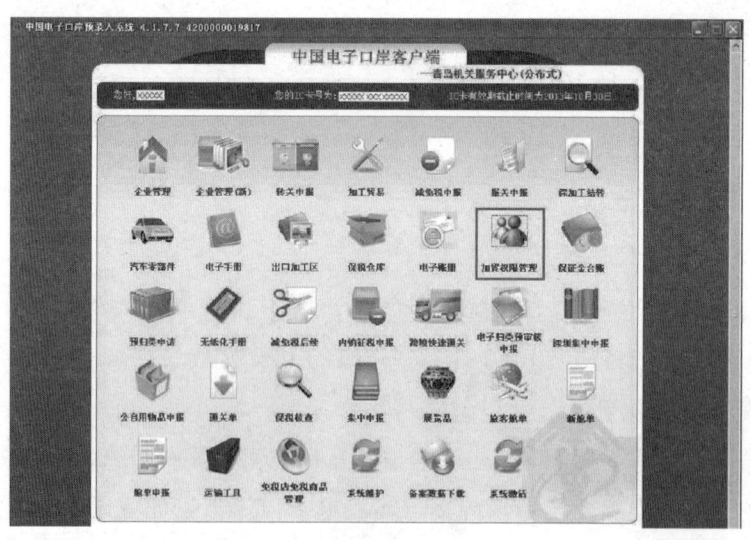

图 8-2

二、无纸化手册权限管理

(一) 企业间备案资料库授权

企业间备案资料库授权是指由管理对象的企业法人卡向非管理对象的企业授予备案资料库权限的过程。

在"无纸化手册"功能菜单上,点击"企业间备案资料库授权"进入界面,如图8-3所示:

图8-3

系统将自动从企业法人卡中将该企业的相关信息,如录入单位、操作员、管理对象企业编码、管理对象企业名称等信息调出。

在"企业内部编号"一栏内进行输入,如将光标置于"企业内部编号"一栏内,直接按回车键,将弹出上述提示。点击确定后,系统将自动弹出该管理对象对应的备案资料库数据,如图8-4所示。

选中一条欲进行授权操作的记录后(复选框内打"√"),将光标移至

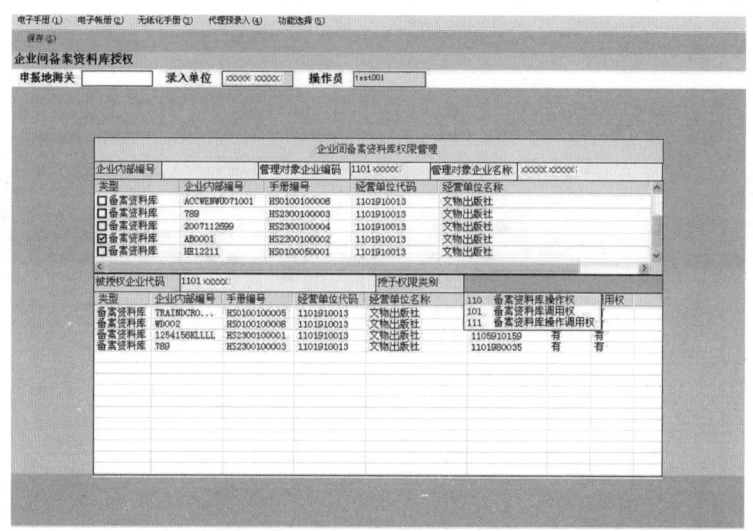

图8-4

"被授权企业代码"一栏内,填入被授权企业的海关10位编码。当光标置于"授予权限类别"一栏内时,按空格键可调出相应选项,如图8-5所示:

图8-5

权限类别分为以下三类:

• 操作权:授予该权限后,被授权企业可对被授权数据进行后续申报或变更等操作;

• 调用权:授予该权限后,被授权企业可调用备案资料库数据进行通关手册的录入及后续操作等；

- 操作调用权：既有操作权又有调用权。

选择相应权限类别后按回车键，此时数据应自动跳转至下方被授权信息列表框内，如图 8-6 所示：

图 8-6

如果企业要取消已授予的权限，可右键点击屏幕下方框内的记录，弹出菜单，可进行删除操作。删除记录后，需点击"保存"按钮，直至成功弹出"保存成功"对话框。如图 8-7 所示。

（二）企业间通关手册授权

企业间通关手册授权是指由管理对象的企业法人卡向非管理对象的企业授予通关手册权限的过程。

在"无纸化手册"功能菜单上，点击"企业间通关手册授权"进入界面，如图 8-8 所示。

在"手册编号"一栏内进行输入，如将光标置于"手册编号"栏内，直接按回车键，将弹出提示（提示内容同备案资料库）。点击"确定"后，

图 8-7

图 8-8

系统将自动弹出该管理对象所有的通关手册数据，企业也可以输入某一本手册编号，调出需要授权的手册信息，如图8-9所示：

图8-9

选中一条欲进行授权操作的记录后（复选框内打"√"），将光标移至"被授权企业代码"一栏内，填入被授权企业的海关10位编码。

授予权限分为以下三类：

● 操作权：授予该权限后，被授权企业可对被授权数据进行后续申报或变更等操作；

● 报关权：授予该权限后，被授权企业可调用通关手册数据进行报关单的录入及后续操作等；

● 操作调用权：既有操作权又有调用权。

选定权限后，按回车键，授权记录会在列表下方显示，点击"保存"按钮，授权成功。

（三）企业内备案资料库授权

企业内备案资料库授权是指企业法人卡被授予备案资料库相应权限后，该企业法人卡将相应权限授予企业操作员卡的过程。

在"无纸化手册"功能菜单上,点击"企业内备案资料库授权"进入界面,如图8-10所示:

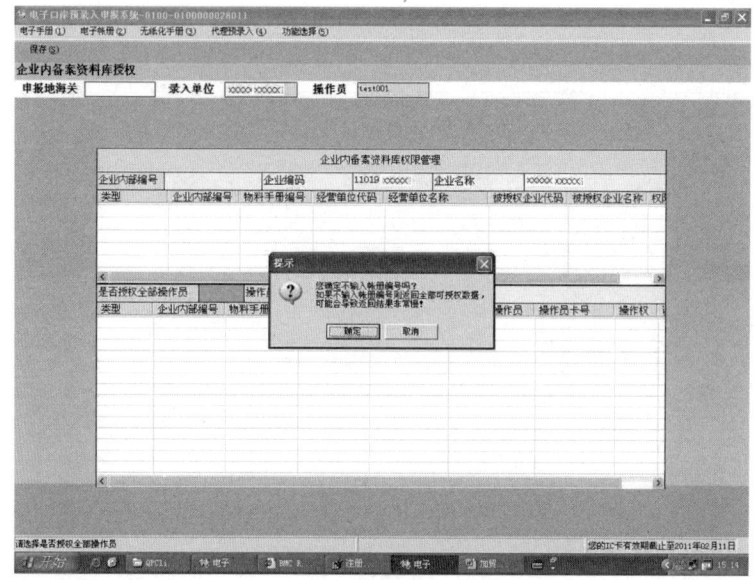

图8-10

如不选择在"企业内部编号"一栏进行录入而直接按回车键,则遇上述提示。点击确定后,系统将自动弹出该企业所有可进行授权操作的备案资料库数据。

选中一条欲进行授权操作的记录后(复选框内打"√"),将光标移至"是否授予全部操作员"栏内进行选择。如选"是"则不需输入操作员卡号;如选"否"则需手工录入操作员卡号。如图8-11所示。

此时按回车键进入授予权限类别,按空格键会弹出所有的权限类别,如图8-12所示。

选择相应权限类别后按回车键,此时数据应自动跳转至下方被授权信息列表框内(操作同企业间备案资料库授权)。此时需点击保存按钮,直至成功弹出"保存成功"对话框。

企业间权限类别与企业内权限类别的关系如下:

● 当企业间授予权限类别为"111"时,企业内授权可选择授予"111"、"110"或"101";

第八章 加贸权限管理

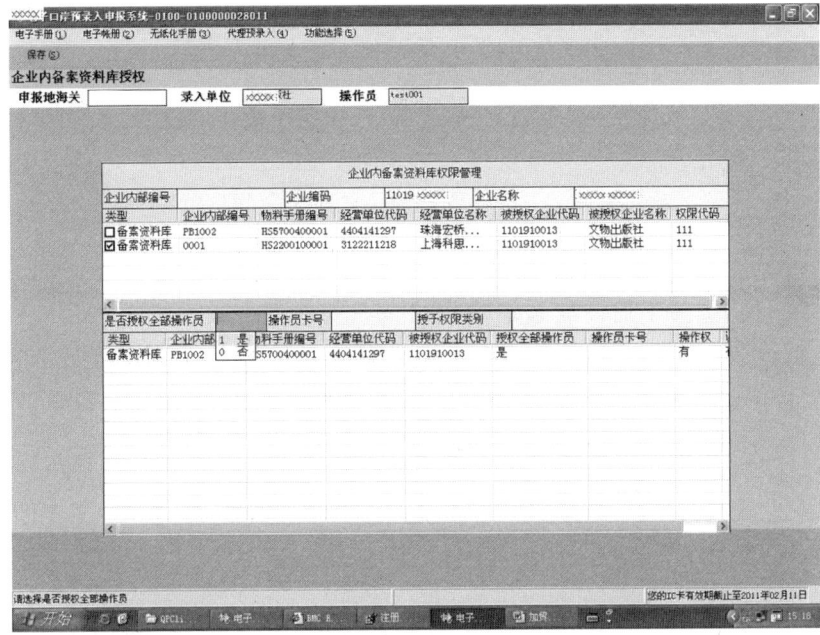

图 8-11

图 8-12

● 当企业间授予权限类别为"110"时,企业内授权只能选择授予"110";

● 当企业间授予权限类别为"101"时,企业内授权只能选择授予"101"。

(四) 企业内通关手册授权

企业内通关手册授权是指被授权企业的法人卡被授予手册相应权限后,该企业法人卡将相应权限授予企业操作员卡的过程。

在"无纸化手册"功能菜单上,点击企业内通关手册授权进入界面,如图 8-13 所示:

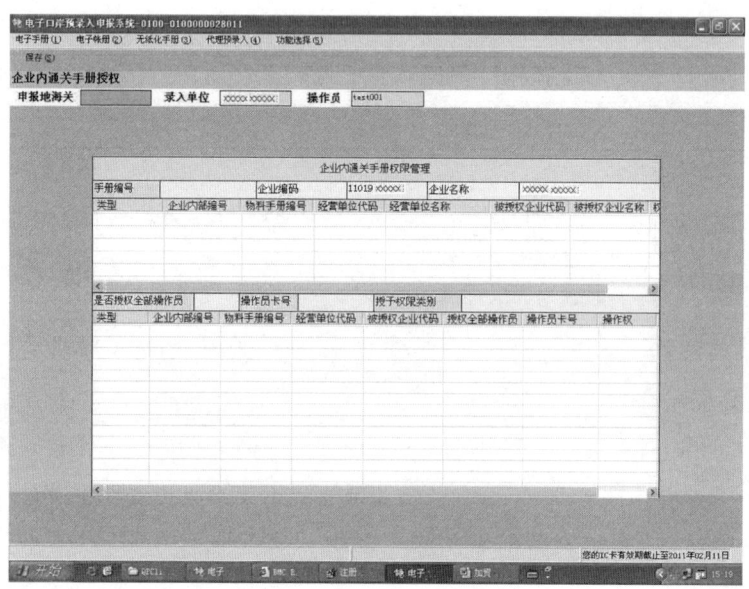

图 8-13

操作及注意事项可参照企业间备案资料库授权、企业间通关手册授权及企业内备案资料库授权。

三、电子账册授权

电子账册授权包括联网监管电子账册、保税仓库电子账册、出口加工区电子账册系统的权限管理。

企业通过电子账册预录入系统申报电子账册备案数据,在海关审核通过后,数据中心设置加工单位为授权单位。加工单位使用企业法人卡登录电子账册授权子系统对代理企业授权(备案操作权、代理报关权),被授权企业可以对操作员进行授权(备案操作权、代理报关权),操作员进行已授权账册的相关业务。

(一) 企业间账册授权

企业间账册授权是指由电子账册加工单位的企业法人卡或保税授权卡向代理企业的企业法人卡授予电子账册权限的过程。

被授权的企业法人卡再向该企业操作员卡授权,该企业操作员卡可以对电子账册数据进行后续申报、变更或代理报关。

在系统界面上方的功能菜单栏上,点击"电子账册"菜单,再选择"企业间账册授权",即进入"企业间账册授权"界面,如图8-14所示:

图 8-14

企业间账册授权管理界面主体主要为两部分：上半部分为账册管理对象基本信息和电子账册列表；下半部分为被授权企业代码、权限类别和企业间账册授权信息列表。

系统会自动从企业法人卡中将企业的申报地海关、录入单位名称、操作员、管理对象企业编码、管理对象企业名称、所有账册数据及已授权的账册信息调出。

如果要对代理企业的企业法人卡授权，首先在账册信息列表选择要被授权的账册，在选中账册的类型字段中的复选框打上"√"表示选中，选择完成后输入被授权企业代码，按回车键进入授予权限类别，按空格键会弹出所有的权限类别，如图8-15所示：

图8-15

选中权限后再按回车键信息会弹到企业间账册授权信息列表。保存结果，如图8-16所示。

授予权限类别为以下三类：

- 备案操作权：可以对电子账册进行后续申报、变更等操作；
- 代理报关权：可以下载电子账册备案数据及账册对应的报关单数

第八章 加贸权限管理

图 8-16

据；可查询、修改、上载及申报该电子账册对应的报关单；

- 备案操作代理报关权：既有备案操作权又有代理报关权。

(二) 企业内账册授权

企业内账册授权是指企业法人卡被授予账册权限，企业法人卡将账册权限授予企业操作员卡的过程。

企业内账册授权分为以下两种情况：

- 对于企业为加工单位的电子账册，不需要授权，企业操作员卡对电子账册具有账册操作权；
- 对于企业为代理企业的电子账册，那么企业法人卡被电子账册加工单位企业法人卡授予电子账册权限，企业法人卡再向企业操作员卡授予电子账册权限。

在系统界面上方的功能菜单栏上，点击电子账册菜单，再选择企业内账册授权，即进入"企业内账册授权"界面，如图 8-17 所示。

企业内账册授权管理界面主体主要为两部分：上半部分为账册加工单

图 8-17

位基本信息和账册信息列表;下半部分为被授权企业操作员卡号、权限类别和企业内账册授权信息列表。

系统会自动从企业法人卡中将企业的申报地海关、录入单位名称、操作员、管理对象企业编码、管理对象企业名称、所有账册数据及已授权的账册信息调出。

如果要对企业操作员卡授权,首先在账册信息列表选择要被授权的账册,在选中账册的类型字段的复选框打上"√"表示选中,选择是否授权全部操作员,如果选是则不需要输入操作员卡号,如果选否则需录入操作员卡号,按回车键进入授予权限类别,按空格键会弹出所有的权限类别,选中权限后再按回车键,信息会添加到企业内账册授权信息列表,如图 8-18 所示。

最后单击"保存"完成企业内账册授权操作,如图 8-19 所示。

第八章
加贸权限管理

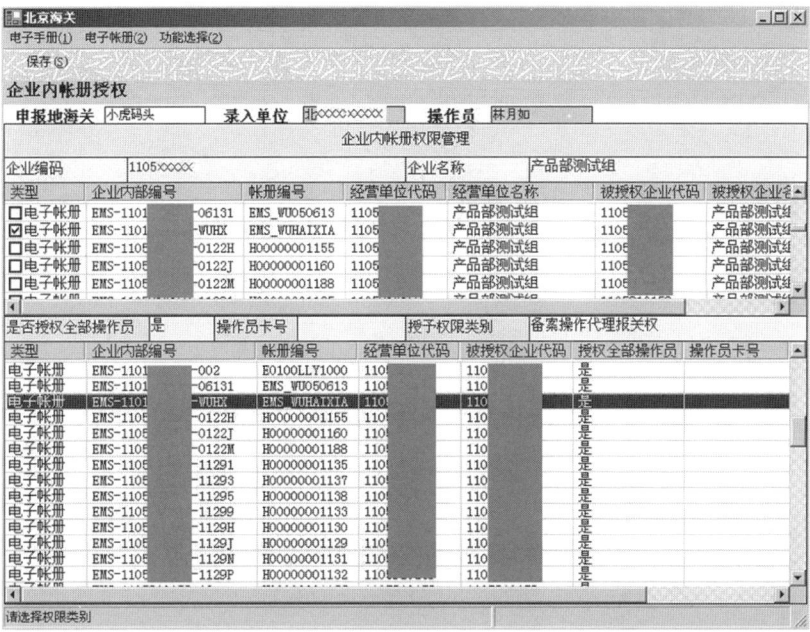

图 8-18

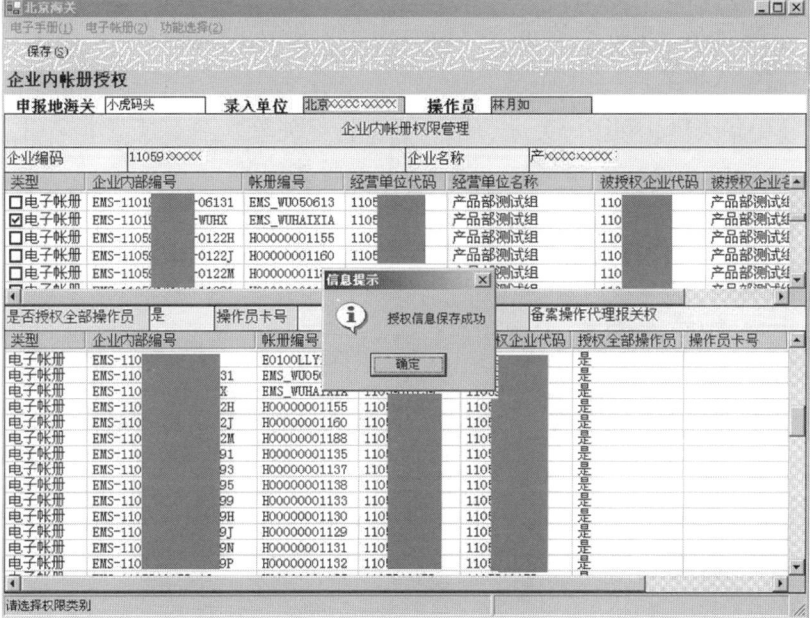

图 8-19

附 录

附件一 《中华人民共和国海关进出口货物报关单填制规范》

（海关总署公告 2008 年第 52 号）

为规范进出口货物收发货人的申报行为，统一进出口货物报关单填制要求，保证报关单数据质量，根据《中华人民共和国海关法》及有关法规，制定本规范。

《中华人民共和国海关进（出）口货物报关单》在本规范中采用"报关单"、"进口报关单"、"出口报关单"的提法。

报关单各栏目的填制规范如下：

一、预录入编号

本栏目填报预录入报关单的编号，预录入编号规则由接受申报的海关决定。

二、海关编号

本栏目填报海关接受申报时给予报关单的编号，一份报关单对应一个海关编号。

报关单海关编号为18位,其中第1-4位为接受申报海关的编号(海关规定的《关区代码表》中相应海关代码),第5-8位为海关接受申报的公历年份,第9位为进出口标志("1"为进口,"0"为出口;集中申报清单"I"为进口,"E"为出口),后9位为顺序编号。在海关H883/EDI通关系统向H2000通关系统过渡期间,后9位的编号规则同H883/EDI通关系统的要求,即1-2位为接受申报海关的编号(海关规定的《关区代码表》中相应海关代码的后2位),第3位为海关接受申报公历年份4位数字的最后1位,后6位为顺序编号。

三、进口口岸/出口口岸

本栏目应根据货物实际进出境的口岸海关,填报海关规定的《关区代码表》中相应口岸海关的名称及代码。特殊情况填报要求如下:

进口转关运输货物应填报货物进境地海关名称及代码,出口转关运输货物应填报货物出境地海关名称及代码。按转关运输方式监管的跨关区深加工结转货物,出口报关单填报转出地海关名称及代码,进口报关单填报转入地海关名称及代码。

在不同海关特殊监管区域或保税监管场所之间调拨、转让的货物,填报对方特殊监管区域或保税监管场所所在的海关名称及代码。

其他无实际进出境的货物,填报接受申报的海关名称及代码。

四、备案号

本栏目填报进出口货物收发货人在海关办理加工贸易合同备案或征、减、免税备案审批等手续时,海关核发的《中华人民共和国海关加工贸易手册》、电子账册及其分册(以下统称《加工贸易手册》)、《进出口货物征免税证明》(以下简称《征免税证明》)或其他备案审批文件的编号。

一份报关单只允许填报一个备案号。具体填报要求如下:

(一)加工贸易项下货物,除少量低值辅料按规定不使用《加工贸易手册》及以后续补税监管方式办理内销征税的外,填报《加工贸易手册》

编号。

使用异地直接报关分册和异地深加工结转出口分册在异地口岸报关的，本栏目应填报分册号；本地直接报关分册和本地深加工结转分册限制在本地报关，本栏目应填报总册号。

加工贸易成品凭《征免税证明》转为减免税进口货物的，进口报关单填报《征免税证明》编号，出口报关单填报《加工贸易手册》编号。

对加工贸易设备之间的结转，转入和转出企业分别填制进、出口报关单，在报关单"备案号"栏目填报《加工贸易手册》编号。

（二）涉及征、减、免税备案审批的报关单，填报《征免税证明》编号。

（三）涉及优惠贸易协定项下实行原产地证书联网管理（香港 CEPA、澳门 CEPA，下同）的报关单，填报原产地证书代码"Y"和原产地证书编号。

（四）减免税货物退运出口，填报《减免税进口货物同意退运证明》的编号；减免税货物补税进口，填报《减免税货物补税通知书》的编号；减免税货物结转进口（转入），填报《征免税证明》的编号；相应的结转出口（转出），填报《减免税进口货物结转联系函》的编号。

（五）涉及构成整车特征的汽车零部件的报关单，填报备案的 Q 账册编号。

五、合同协议号

本栏目填报进出口货物合同（包括协议或订单）编号。

六、进口日期/出口日期

进口日期填报运载进口货物的运输工具申报进境的日期。

出口日期指运载出口货物的运输工具办结出境手续的日期，本栏目供海关签发打印报关单证明联用，在申报时免予填报。

无实际进出境的报关单填报海关接受申报的日期。

本栏目为8位数字,顺序为年(4位)、月(2位)、日(2位)。

七、申报日期

申报日期指海关接受进出口货物收发货人、受委托的报关企业申报数据的日期。以电子数据报关单方式申报的,申报日期为海关计算机系统接受申报数据时记录的日期。以纸质报关单方式申报的,申报日期为海关接受纸质报关单并对报关单进行登记处理的日期。

申报日期为8位数字,顺序为年(4位)、月(2位)、日(2位)。本栏目在申报时免予填报。

八、经营单位

本栏目填报在海关注册登记的对外签订并执行进出口贸易合同的中国境内法人、其他组织或个人的名称及海关注册编码。

特殊情况下填制要求如下:

(一)进出口货物合同的签订者和执行者非同一企业的,填报执行合同的企业。

(二)外商投资企业委托进出口企业进口投资设备、物品的,填报外商投资企业,并在标记唛码及备注栏注明"委托某进出口企业进口"。

(三)有代理报关资格的报关企业代理其他进出口企业办理进出口报关手续时,填报委托的进出口企业的名称及海关注册编码。

九、收货单位/发货单位

(一)收货单位填报已知的进口货物在境内的最终消费、使用单位的名称,包括:

1. 自行从境外进口货物的单位。
2. 委托进出口企业进口货物的单位。

(二)发货单位填报出口货物在境内的生产或销售单位的名称,包括:

1. 自行出口货物的单位。
2. 委托进出口企业出口货物的单位。

（三）有海关注册编码或加工企业编码的收、发货单位，本栏目应填报其中文名称及编码；没有编码的应填报其中文名称。使用《加工贸易手册》管理的货物，报关单的收、发货单位应与《加工贸易手册》的"经营企业"或"加工企业"一致；减免税货物报关单的收、发货单位应与《征免税证明》的"申请单位"一致。

十、申报单位

自理报关的，本栏目填报进出口企业的名称及海关注册编码；委托代理报关的，本栏目填报经海关批准的报关企业名称及海关注册编码。

本栏目还包括报关单左下方用于填报申报单位有关情况的相关栏目，包括报关员、报关单位地址、邮政编码和电话号码等栏目。

十一、运输方式

运输方式包括实际运输方式和海关规定的特殊运输方式，前者指货物实际进出境的运输方式，按进出境所使用的运输工具分类；后者指货物无实际进出境的运输方式，按货物在境内的流向分类。

本栏目应根据货物实际进出境的运输方式或货物在境内流向的类别，按照海关规定的《运输方式代码表》选择填报相应的运输方式。

（一）特殊情况填报要求如下：

1. 非邮件方式进出境的快递货物，按实际运输方式填报；
2. 进出境旅客随身携带的货物，按旅客所乘运输工具填报；
3. 进口转关运输货物，按载运货物抵达进境地的运输工具填报；出口转关运输货物，按载运货物驶离出境地的运输工具填报；
4. 不复运出（入）境而留在境内（外）销售的进出境展览品、留赠转卖物品等，填报"其他运输"（代码9）；

（二）无实际进出境货物在境内流转时填报要求如下：

1. 境内非保税区运入保税区货物和保税区退区货物，填报"非保税区"（代码0）；

2. 保税区运往境内非保税区货物，填报"保税区"（代码7）；

3. 境内存入出口监管仓库和出口监管仓库退仓货物，填报"监管仓库"（代码1）；

4. 保税仓库转内销货物，填报"保税仓库"（代码8）；

5. 从境内保税物流中心外运入中心或从中心运往境内中心外的货物，填报"物流中心"（代码W）；

6. 从境内保税物流园区外运入园区或从园区运往境内园区外的货物，填报"物流园区"（代码X）；

7. 从境内保税港区外运入港区（不含直通）或从港区运往境内港区外（不含直通）的货物，填报"保税港区"（代码Y），综合保税区比照保税港区填报；

8. 从境内出口加工区、珠澳跨境工业区珠海园区（以下简称珠海园区）外运入加工区、珠海园区或从加工区、珠海园区运往境内区外的货物，区外企业填报"出口加工区"（代码Z），区内企业填报"其他运输"（代码9）；

9. 境内运入深港西部通道港方口岸区的货物，填报"边境特殊海关作业区"（代码H）；

10. 其他境内流转货物，填报"其他运输"（代码9），包括特殊监管区域内货物之间的流转、调拨货物，特殊监管区域、保税监管场所之间相互流转货物，特殊监管区域外的加工贸易余料结转、深加工结转、内销等货物。

十二、运输工具名称

本栏目填报载运货物进出境的运输工具名称或编号。填报内容应与运输部门向海关申报的舱单（载货清单）所列相应内容一致。具体填报要求如下：

（一）直接在进出境地或采用"属地申报，口岸验放"通关模式办理报关手续的报关单填报要求如下：

1. 水路运输：填报船舶编号（来往港澳小型船舶为监管簿编号）或者船舶英文名称。

2. 公路运输：填报该跨境运输车辆的国内行驶车牌号，深圳提前报关模式的报关单填报国内行驶车牌号+"/"+"提前报关"。

3. 铁路运输：填报车厢编号或交接单号。

4. 航空运输：填报航班号。

5. 邮件运输：填报邮政包裹单号。

6. 其他运输：填报具体运输方式名称，例如：管道、驮畜等。

（二）转关运输货物的报关单填报要求如下：

1. 进口

（1）水路运输：直转、提前报关填报"@"+16位转关申报单预录入号（或13位载货清单号）；中转填报进境英文船名。

（2）铁路运输：直转、提前报关填报"@"+16位转关申报单预录入号；中转填报车厢编号。

（3）航空运输：直转、提前报关填报"@"+16位转关申报单预录入号（或13位载货清单号）；中转填报"@"。

（4）公路及其他运输：填报"@"+16位转关申报单预录入号（或13位载货清单号）。

（5）以上各种运输方式使用广东地区载货清单转关的提前报关货物填报"@"+13位载货清单号。

2. 出口

（1）水路运输：非中转填报"@"+16位转关申报单预录入号（或13位载货清单号）。如多张报关单需要通过一张转关单转关的，运输工具名称字段填报"@"。

中转货物，境内水路运输填报驳船船名；境内铁路运输填报车名（主管海关4位关别代码+"TRAIN"）；境内公路运输填报车名（主管海关4位关别代码+"TRUCK"）。

（2）铁路运输：填报"@"+16位转关申报单预录入号（或13位载货清单号），如多张报关单需要通过一张转关单转关的，填报"@"。

（3）航空运输：填报"@"+16位转关申报单预录入号（或13位载货清单号），如多张报关单需要通过一张转关单转关的，填报"@"。

（4）其他运输方式：填报"@"+16位转关申报单预录入号（或13位载货清单号）。

（三）采用"集中申报"通关方式办理报关手续的，报关单本栏目填报"集中申报"。

（四）无实际进出境的报关单，本栏目免予填报。

十三、航次号

本栏目填报载运货物进出境的运输工具的航次编号。

具体填报要求如下：

（一）直接在进出境地或采用"属地申报，口岸验放"通关模式办理报关手续的报关单

1. 水路运输：填报船舶的航次号。

2. 公路运输：填报运输车辆的8位进出境日期〔顺序为年（4位）、月（2位）、日（2位），下同〕。

3. 铁路运输：填报列车的进出境日期。

4. 航空运输：免予填报。

5. 邮件运输：填报运输工具的进出境日期。

6. 其他运输方式：免予填报。

（二）转关运输货物的报关单

1. 进口

（1）水路运输：中转转关方式填报"@"+进境干线船舶航次。直转、提前报关免予填报。

（2）公路运输：免予填报。

（3）铁路运输："@"+8位进境日期。

（4）航空运输：免予填报。

（5）其他运输方式：免予填报。

2. 出口

(1) 水路运输：非中转货物免予填报。中转货物：境内水路运输填报驳船航次号；境内铁路、公路运输填报 6 位启运日期〔顺序为年（2 位）、月（2 位）、日（2 位）〕。

(2) 铁路拼车拼箱捆绑出口：免予填报。

(3) 航空运输：免予填报。

(4) 其他运输方式：免予填报。

（三）无实际进出境的报关单，本栏目免予填报。

十四、提运单号

本栏目填报进出口货物提单或运单的编号。

一份报关单只允许填报一个提单或运单号，一票货物对应多个提单或运单时，应分单填报。

具体填报要求如下：

（一）直接在进出境地或采用"属地申报，口岸验放"通关模式办理报关手续的

1. 水路运输：填报进出口提单号。如有分提单的，填报进出口提单号+"*"+分提单号。

2. 公路运输：免予填报。

3. 铁路运输：填报运单号。

4. 航空运输：填报总运单号+"_"+分运单号，无分运单的填报总运单号。

5. 邮件运输：填报邮运包裹单号。

（二）转关运输货物的报关单

1. 进口

(1) 水路运输：直转、中转填报提单号。提前报关免予填报。

(2) 铁路运输：直转、中转填报铁路运单号。提前报关免予填报。

(3) 航空运输：直转、中转货物填报总运单号+"_"+分运单号。提前报关免予填报。

(4) 其他运输方式：免予填报。

（5）以上运输方式进境货物，在广东省内用公路运输转关的，填报车牌号。

2. 出口

（1）水路运输：中转货物填报提单号；非中转货物免予填报；广东省内汽车运输提前报关的转关货物，填报承运车辆的车牌号。

（2）其他运输方式：免予填报。广东省内汽车运输提前报关的转关货物，填报承运车辆的车牌号。

（三）采用"集中申报"通关方式办理报关手续的，报关单填报归并的集中申报清单的进出口起止日期〔按年（4位）月（2位）日（2位）年（4位）月（2位）日（2位）〕。

（四）无实际进出境的，本栏目免予填报。

十五、贸易方式（监管方式）

本栏目应根据实际对外贸易情况按海关规定的《监管方式代码表》选择填报相应的监管方式简称及代码。一份报关单只允许填报一种监管方式。

特殊情况下加工贸易货物监管方式填报要求如下：

（一）进口少量低值辅料（即5000美元以下，78种以内的低值辅料）按规定不使用《加工贸易手册》的，填报"低值辅料"。使用《加工贸易手册》的，按《加工贸易手册》上的监管方式填报。

（二）外商投资企业为加工内销产品而进口的料件，属非保税加工的，填报"一般贸易"。

外商投资企业全部使用国内料件加工的出口成品，填报"一般贸易"。

（三）加工贸易料件结转或深加工结转货物，按批准的监管方式填报。

（四）加工贸易料件转内销货物以及按料件办理进口手续的转内销制成品、残次品、半成品，应填制进口报关单，填报"来料料件内销"或"进料料件内销"；加工贸易成品凭《征免税证明》转为减免税进口货物的，应分别填制进、出口报关单，出口报关单本栏目填报"来料成品减免"或"进料成品减免"，进口报关单本栏目按照实际监管方式填报。

（五）加工贸易出口成品因故退运进口及复运出口的，填报"来料成品退换"或"进料成品退换"；加工贸易进口料件因换料退运出口及复运进口的，填报"来料料件退换"或"进料料件退换"；加工贸易过程中产生的剩余料件、边角料退运出口，以及进口料件因品质、规格等原因退运出口且不再更换同类货物进口的，分别填报"来料料件复出"、"来料边角料复出"、"进料料件复出"、"进料边角料复出"。

（六）备料《加工贸易手册》中的料件结转转入加工出口《加工贸易手册》的，填报"来料加工"或"进料加工"。

（七）保税工厂加工贸易进出口货物，根据《加工贸易手册》填报"来料加工"或"进料加工"。

（八）加工贸易边角料内销和副产品内销，应填制进口报关单，填报"来料边角料内销"或"进料边角料内销"。

（九）加工贸易进口料件不再用于加工成品出口，或生产的半成品（折料）、成品因故不再出口，主动放弃交由海关处理时，应填制进口报关单，填报"料件放弃"或"成品放弃"。

十六、征免性质

本栏目应根据实际情况按海关规定的《征免性质代码表》选择填报相应的征免性质简称及代码，持有海关核发的《征免税证明》的，应按照《征免税证明》中批注的征免性质填报。一份报关单只允许填报一种征免性质。

加工贸易货物报关单应按照海关核发的《加工贸易手册》中批注的征免性质简称及代码填报。特殊情况填报要求如下：

（一）保税工厂经营的加工贸易，根据《加工贸易手册》填报"进料加工"或"来料加工"。

（二）外商投资企业为加工内销产品而进口的料件，属非保税加工的，填报"一般征税"或其他相应征免性质。

（三）加工贸易转内销货物，按实际情况填报（如一般征税、科教用品、其他法定等）。

（四）料件退运出口、成品退运进口货物填报"其他法定"（代码0299）。

（五）加工贸易结转货物，本栏目免予填报。

十七、征税比例/结汇方式

进口报关单本栏目免予填报。

出口报关单填报结汇方式，按海关规定的《结汇方式代码表》选择填报相应的结汇方式名称或代码。

十八、许可证号

本栏目填报以下许可证的编号：进（出）口许可证、两用物项和技术进（出）口许可证、两用物项和技术出口许可证（定向）、纺织品临时出口许可证、出口许可证（加工贸易）、出口许可证（边境小额贸易）。

一份报关单只允许填报一个许可证号。

十九、启运国（地区）/运抵国（地区）

启运国（地区）填报进口货物启始发出直接运抵我国或者在运输中转国（地）未发生任何商业性交易的情况下运抵我国的国家（地区）。

运抵国（地区）填报出口货物离开我国关境直接运抵或者在运输中转国（地区）未发生任何商业性交易的情况下最后运抵的国家（地区）。

不经过第三国（地区）转运的直接运输进出口货物，以进口货物的装货港所在国（地区）为启运国（地区），以出口货物的指运港所在国（地区）为运抵国（地区）。

经过第三国（地区）转运的进出口货物，如在中转国（地区）发生商业性交易，则以中转国（地区）作为启运/运抵国（地区）。

本栏目应按海关规定的《国别（地区）代码表》选择填报相应的启运国（地区）或运抵国（地区）中文名称及代码。

无实际进出境的，填报"中国"（代码142）。

二十、装货港/指运港

装货港填报进口货物在运抵我国关境前的最后一个境外装运港。

指运港填报出口货物运往境外的最终目的港；最终目的港不可预知的，按尽可能预知的目的港填报。

本栏目应根据实际情况按海关规定的《港口航线代码表》选择填报相应的港口中文名称及代码。装货港/指运港在《港口航线代码表》中无港口中文名称及代码的，可选择填报相应的国家中文名称或代码。

无实际进出境的，本栏目填报"中国境内"（代码142）。

二十一、境内目的地/境内货源地

境内目的地填报已知的进口货物在国内的消费、使用地或最终运抵地，其中最终运抵地为最终使用单位所在的地区。最终使用单位难以确定的，填报货物进口时预知的最终收货单位所在地。

境内货源地填报出口货物在国内的产地或原始发货地。出口货物产地难以确定的，填报最早发运该出口货物的单位所在地。

本栏目按海关规定的《国内地区代码表》选择填报相应的国内地区名称及代码。

二十二、批准文号

进口报关单中本栏目免予填报。
出口报关单中本栏目填报出口收汇核销单编号。

二十三、成交方式

本栏目应根据进出口货物实际成交价格条款，按海关规定的《成交方式代码表》选择填报相应的成交方式代码。

无实际进出境的报关单,进口填报 CIF,出口填报 FOB。

二十四、运费

本栏目填报进口货物运抵我国境内输入地点起卸前的运输费用,出口货物运至我国境内输出地点装载后的运输费用。进口货物成交价格包含前述运输费用或者出口货物成交价格不包含前述运输费用的,本栏目免于填报。

运费可按运费单价、总价或运费率三种方式之一填报,注明运费标记(运费标记"1"表示运费率,"2"表示每吨货物的运费单价,"3"表示运费总价),并按海关规定的《货币代码表》选择填报相应的币种代码。

运保费合并计算的,填报在本栏目。

二十五、保费

本栏目填报进口货物运抵我国境内输入地点起卸前的保险费用,出口货物运至我国境内输出地点装载后的保险费用。进口货物成交价格包含前述保险费用或者出口货物成交价格不包含前述保险费用的,本栏目免于填报。

保费可按保险费总价或保险费率两种方式之一填报,注明保险费标记(保险费标记"1"表示保险费率,"3"表示保险费总价),并按海关规定的《货币代码表》选择填报相应的币种代码。

运保费合并计算的,本栏目免予填报。

二十六、杂费

本栏目填报成交价格以外的、按照《中华人民共和国进出口关税条例》相关规定应计入完税价格或应从完税价格中扣除的费用。可按杂费总价或杂费率两种方式之一填报,注明杂费标记(杂费标记"1"表示杂费率,"3"表示杂费总价),并按海关规定的《货币代码表》选择填报相应的币种代码。

应计入完税价格的杂费填报为正值或正率,应从完税价格中扣除的杂费填报为负值或负率。

二十七、件数

本栏目填报有外包装的进出口货物的实际件数。特殊情况填报要求如下:

(一)舱单件数为集装箱的,填报集装箱个数。
(二)舱单件数为托盘的,填报托盘数。
本栏目不得填报为零,裸装货物填报为"1"。

二十八、包装种类

本栏目应根据进出口货物的实际外包装种类,按海关规定的《包装种类代码表》选择填报相应的包装种类代码。

二十九、毛重(千克)

本栏目填报进出口货物及其包装材料的重量之和,计量单位为千克,不足一千克的填报为"1"。

三十、净重(千克)

本栏目填报进出口货物的毛重减去外包装材料后的重量,即货物本身的实际重量,计量单位为千克,不足一千克的填报为"1"。

三十一、集装箱号

本栏目填报装载进出口货物（包括拼箱货物）集装箱的箱体信息。一个集装箱填一条记录，分别填报集装箱号（在集装箱箱体上标示的全球唯一编号）、集装箱的规格和集装箱的自重。非集装箱货物填报为"0"。

三十二、随附单证

本栏目根据海关规定的《监管证件代码表》选择填报除本规范第十八条规定的许可证件以外的其他进出口许可证件或监管证件代码及编号。

本栏目分为随附单证代码和随附单证编号两栏，其中代码栏应按海关规定的《监管证件代码表》选择填报相应证件代码；编号栏应填报证件编号。

（一）加工贸易内销征税报关单，随附单证代码栏填写"c"，随附单证编号栏填写海关审核通过的内销征税联系单号。

（二）含预归类商品报关单，随附单证代码项下填写"r"，随附单证编号项下填写XX关预归类书XX号。

（三）优惠贸易协定项下进出口货物

"Y"为原产地证书代码。优惠贸易协定代码选择"01"、"02"、"03"、"04"、"05"、"06"、"07"、"08"、"09"填报：

"01"为"亚太贸易协定"项下的进口货物；

"02"为"中国－东盟自贸区"项下的进口货物；

"03"为"内地与香港紧密经贸关系安排"（香港CEPA）项下的进口货物；

"04"为"内地与澳门紧密经贸关系安排"（澳门CEPA）项下的进口货物；

"05"为"对非洲特惠待遇"项下的进口货物；

"06"为"台湾农产品零关税措施"项下的进口货物；

"07"为"中巴自贸区"项下的进口货物；

"08"为"中智自贸区"项下的进口货物;

"09"为"对也门等国特惠待遇"项下的进口货物。

具体填报要求如下:

1. 实行原产地证书联网管理的,随附单证代码栏填写"Y",随附单证编号栏的"< >"内填写优惠贸易协定代码。例如香港 CEPA 项下进口商品,应填报为:"Y"和"<03>"。一票进口货物中如涉及多份原产地证书或含有非原产地证书商品,应分单填报。

2. 未实行原产地证书联网管理的,随附单证代码栏填写"Y",随附单证编号栏"< >"内填写优惠贸易协定代码+":"+需证商品序号。例如《亚太贸易协定》项下进口报关单中第1到第3项和第5项为优惠贸易协定项下商品,应填报为:"<01:1-3,5>"。

优惠贸易协定项下出口货物,本栏目填报原产地证书代码和编号。

三十三、用途/生产厂家

进口货物本栏目填报用途,应根据进口货物的实际用途按海关规定的《用途代码表》选择填报相应的用途代码。

出口货物本栏目填报其境内生产企业。

三十四、标记唛码及备注

本栏目填报要求如下:

(一)标记唛码中除图形以外的文字、数字。

(二)受外商投资企业委托代理其进口投资设备、物品的进出口企业名称。

(三)与本报关单有关联关系的,同时在业务管理规范方面又要求填报的备案号,填报在电子数据报关单中"关联备案"栏。

加工贸易结转货物及凭《征免税证明》转内销货物,其对应的备案号应填报在"关联备案"栏。

减免税货物结转进口(转入),报关单"关联备案"栏应填写本次减免税货物结转所申请的《减免税进口货物结转联系函》的编号。

减免税货物结转出口（转出），报关单"关联备案"栏应填写与其相对应的进口（转入）报关单"备案号"栏中《征免税证明》的编号。

（四）与本报关单有关联关系的，同时在业务管理规范方面又要求填报的报关单号，填报在电子数据报关单中"关联报关单"栏。

加工贸易结转类的报关单，应先办理进口报关，并将进口报关单号填入出口报关单的"关联报关单"栏。

办理进口货物直接退运手续的，除另有规定外，应当先填写出口报关单，再填写进口报关单，并将出口报关单号填入进口报关单的"关联报关单"栏。

减免税货物结转出口（转出），应先办理进口报关，并将进口（转入）报关单号填入出口（转出）报关单的"关联报关单"栏。

（五）办理进口货物直接退运手续的，本栏目填报《准予直接退运决定书》或者《责令直接退运通知书》编号。

（六）申报时其他必须说明的事项填报在本栏目。

三十五、项号

本栏目分两行填报及打印。第一行填报报关单中的商品顺序编号；第二行专用于加工贸易、减免税等已备案、审批的货物，填报和打印该项货物在《加工贸易手册》或《征免税证明》等备案、审批单证中的顺序编号。

优惠贸易协定项下实行原产地证书联网管理的报关单，第一行填报报关单中的商品顺序编号，第二行填报该项商品对应的原产地证书上的商品项号。

加工贸易项下进出口货物的报关单，第一行填报报关单中的商品顺序编号，第二行填报该项商品在《加工贸易手册》中的商品项号，用于核销对应项号下的料件或成品数量。其中第二行特殊情况填报要求如下：

（一）深加工结转货物，分别按照《加工贸易手册》中的进口料件项号和出口成品项号填报。

（二）料件结转货物（包括料件、制成品和半成品折料），出口报关单按照转出《加工贸易手册》中进口料件的项号填报；进口报关单按照转进《加工贸易手册》中进口料件的项号填报。

（三）料件复出货物（包括料件、边角料、来料加工半成品折料），出口报关单按照《加工贸易手册》中进口料件的项号填报；如边角料对应一个以上料件项号时，填报主要料件项号。料件退换货物（包括料件、不包括半成品），进出口报关单按照《加工贸易手册》中进口料件的项号填报。

（四）成品退换货物，退运进境报关单和复运出境报关单按照《加工贸易手册》原出口成品的项号填报。

（五）加工贸易料件转内销货物（以及按料件办理进口手续的转内销制成品、半成品、残次品）应填制进口报关单，填报《加工贸易手册》进口料件的项号；加工贸易边角料、副产品内销，填报《加工贸易手册》中对应的进口料件项号。如边角料或副产品对应一个以上料件项号时，填报主要料件项号。

（六）加工贸易成品凭《征免税证明》转为减免税货物进口的，应先办理进口报关手续。进口报关单填报《征免税证明》中的项号，出口报关单填报《加工贸易手册》原出口成品项号，进、出口报关单货物数量应一致。

（七）加工贸易料件放弃或成品放弃，本栏目应填报《加工贸易手册》中的进口料件或出口成品项号。半成品放弃的应按单耗折回料件，以料件放弃申报，本栏目填报《加工贸易手册》中对应的进口料件项号。

（八）加工贸易副产品退运出口、结转出口或放弃，本栏目应填报《加工贸易手册》中新增的变更副产品的出口项号。

（九）经海关批准实行加工贸易联网监管的企业，按海关联网监管要求，企业需申报报关清单的，应在向海关申报进出口（包括形式进出口）报关单前，向海关申报"清单"。一份报关清单对应一份报关单，报关单上的商品由报关清单归并而得。加工贸易电子账册报关单中项号、品名、规格等栏目的填制规范比照《加工贸易手册》。

三十六、商品编号

本栏目应填报由《中华人民共和国进出口税则》确定的进出口货物的税则号列和《中华人民共和国海关统计商品目录》确定的商品编码，以及符合海关监管要求的附加编号组成的10位商品编号。

三十七、商品名称、规格型号

本栏目分两行填报及打印。第一行填报进出口货物规范的中文商品名称，第二行填报规格型号。

具体填报要求如下：

（一）商品名称及规格型号应据实填报，并与进出口货物收发货人或受委托的报关企业所提交的合同、发票等相关单证相符。

（二）商品名称应当规范，规格型号应当足够详细，以能满足海关归类、审价及许可证件管理要求为准，可参照《中华人民共和国海关进出口商品规范申报目录》中对商品名称、规格型号的要求进行填报。

（三）加工贸易等已备案的货物，填报的内容必须与备案登记中同项号下货物的商品名称一致。

（四）对需要海关签发《货物进口证明书》的车辆，商品名称栏应填报"车辆品牌＋排气量（注明cc）＋车型（如越野车、小轿车等）"。进口汽车底盘不填报排气量。车辆品牌应按照《进口机动车辆制造厂名称和车辆品牌中英文对照表》中"签注名称"一栏的要求填报。规格型号栏可填报"汽油型"等。

（五）由同一运输工具同时运抵同一口岸并且属于同一收货人、使用同一提单的多种进口货物，按照商品归类规则应当归入同一商品编号的，应当将有关商品一并归入该商品编号。商品名称填报一并归类后的商品名称；规格型号填报一并归类后商品的规格型号。

（六）加工贸易边角料和副产品内销，边角料复出口，本栏目填报其报验状态的名称和规格型号。

（七）进口货物收货人以一般贸易方式申报进口属于《需要详细列名申报的汽车零部件清单》（海关总署 2006 年第 64 号公告）范围内的汽车生产件的，应按以下要求填报：

1. 商品名称填报进口汽车零部件的详细中文商品名称和品牌，中文商品名称与品牌之间用"/"相隔，必要时加注英文商业名称；进口的成套散件或者毛坯件应在品牌后加注"成套散件"、"毛坯"等字样，并与品牌之间用"/"相隔。

2. 规格型号填报汽车零部件的完整编号。在零部件编号前应当加注"S"字样，并与零部件编号之间用"/"相隔，零部件编号之后应当依次加注该零部件适用的汽车品牌和车型。

汽车零部件属于可以适用于多种汽车车型的通用零部件的，零部件编号后应当加注"TY"字样，并用"/"与零部件编号相隔。

与进口汽车零部件规格型号相关的其他需要申报的要素，或者海关规定的其他需要申报的要素，如"功率"、"排气量"等，应当在车型或"TY"之后填报，并用"/"与之相隔。

汽车零部件报验状态是成套散件的，应当在"标记唛码及备注"栏内填报该成套散件装配后的最终完整品的零部件编号。

（八）进口货物收货人以一般贸易方式申报进口属于《需要详细列名申报的汽车零部件清单》（海关总署 2006 年第 64 号公告）范围内的汽车维修件的，填报规格型号时，应当在零部件编号前加注"W"，并与零部件编号之间用"/"相隔；进口维修件的品牌与该零部件适用的整车厂牌不一致的，应当在零部件编号前加注"WF"，并与零部件编号之间用"/"相隔。其余申报要求同上条执行。

三十八、数量及单位

本栏目分三行填报及打印。

（一）第一行应按进出口货物的法定第一计量单位填报数量及单位，法定计量单位以《中华人民共和国海关统计商品目录》中的计量单位为准。

（二）凡列明有法定第二计量单位的，应在第二行按照法定第二计量单位填报数量及单位。无法定第二计量单位的，本栏目第二行为空。

（三）成交计量单位及数量应填报并打印在第三行。

（四）法定计量单位为"千克"的数量填报，特殊情况下填报要求如下：

1. 装入可重复使用的包装容器的货物，应按货物扣除包装容器后的重量填报，如罐装同位素、罐装氧气及类似品等。

2. 使用不可分割包装材料和包装容器的货物，按货物的净重填报（即包括内层直接包装的净重重量），如采用供零售包装的罐头、化妆品、药品及类似品等。

3. 按照商业惯例以公量重计价的商品，应按公量重填报，如未脱脂羊毛、羊毛条等。

4. 采用以毛重作为净重计价的货物，可按毛重填报，如粮食、饲料等大宗散装货物。

5. 采用零售包装的酒类、饮料，按照液体部分的重量填报。

（五）成套设备、减免税货物如需分批进口，货物实际进口时，应按照实际报验状态确定数量。

（六）根据《商品名称及编码协调制度》归类规则，零部件按整机或成品归类的，法定计量单位是非重量的，其对应的法定数量填报"0.1"。

（七）具有完整品或制成品基本特征的不完整品、未制成品，根据《商品名称及编码协调制度》归类规则应按完整品归类的，按照构成完整品的实际数量填报。

（八）加工贸易等已备案的货物，成交计量单位必须与《加工贸易手册》中同项号下货物的计量单位一致，加工贸易边角料和副产品内销、边角料复出口，本栏目填报其报验状态的计量单位。

（九）优惠贸易协定项下进出口商品的成交计量单位必须与原产地证书上对应商品的计量单位一致。

（十）法定计量单位为立方米的气体货物，应折算成标准状况（即摄氏零度及1个标准大气压）下的体积进行填报。

三十九、原产国（地区）/最终目的国（地区）

原产国（地区）应依据《中华人民共和国进出口货物原产地条例》、《中华人民共和国海关关于执行〈非优惠原产地规则中实质性改变标准〉的规定》以及海关总署关于各项优惠贸易协定原产地管理规章规定的原产地确定标准填报。同一批进口货物的原产地不同的，应分别填报原产国（地区）。进口货物原产国（地区）无法确定的，填报"国别不详"（代码701）。

最终目的国（地区）填报已知的出口货物的最终实际消费、使用或进一步加工制造国家（地区）。不经过第三国（地区）转运的直接运输货物，以运抵国（地区）为最终目的国（地区）；经过第三国（地区）转运的货物，以最后运往国（地区）为最终目的国（地区）。同一批出口货物的最终目的国（地区）不同的，应分别填报最终目的国（地区）。出口货物不能确定最终目的国（地区）时，以尽可能预知的最后运往国（地区）为最终目的国（地区）。

本栏目应按海关规定的《国别（地区）代码表》选择填报相应的国家（地区）名称及代码。

四十、单价

本栏目填报同一项号下进出口货物实际成交的商品单位价格。无实际成交价格的，本栏目填报单位货值。

四十一、总价

本栏目填报同一项号下进出口货物实际成交的商品总价格。无实际成交价格的，本栏目填报货值。

四十二、币制

本栏目应按海关规定的《货币代码表》选择相应的货币名称及代码填报，如《货币代码表》中无实际成交币种，需将实际成交货币按申报日外汇折算率折算成《货币代码表》列明的货币填报。

四十三、征免

本栏目应按照海关核发的《征免税证明》或有关政策规定，对报关单所列每项商品选择海关规定的《征减免税方式代码表》中相应的征减免税方式填报。

加工贸易货物报关单应根据《加工贸易手册》中备案的征免规定填报；《加工贸易手册》中备案的征免规定为"保金"或"保函"的，应填报"全免"。

四十四、税费征收情况

本栏目供海关批注进（出）口货物税费征收及减免情况。

四十五、录入员

本栏目用于记录预录入操作人员的姓名。

四十六、录入单位

本栏目用于记录预录入单位名称。

四十七、填制日期

本栏目填报申报单位填制报关单的日期。本栏目为 8 位数字，顺序为年（4 位）、月（2 位）、日（2 位）。

四十八、海关审单批注及放行日期（签章）

本栏目供海关作业时签注。

本规范所述尖括号（＜＞）、逗号（,）、连接符（–）、冒号（:）等标点符号及数字，填报时都必须使用非中文状态下的半角字符。

相关用语的含义：

报关单录入凭单：指申报单位按报关单的格式填写的凭单，用作报关单预录入的依据。该凭单的编号规则由申报单位自行决定。

预录入报关单：指预录入单位按照申报单位填写的报关单凭单录入、打印由申报单位向海关申报，海关尚未接受申报的报关单。

报关单证明联：指海关在核实货物实际进出境后按报关单格式提供的，用作进出口货物收发货人向国税、外汇管理部门办理退税和外汇核销手续的证明文件。

附件二 中国电子口岸数据中心各分中心客服热线

序号	分中心	客服热线电话	备注
1	北京	010-85736363	
2	天津	022-84201926	
3	太原	0351-7119002/7119003	
4	石家庄	0311-87869400/87869401	
5	呼和浩特	0471-6982951/6982807	
6	满洲里	0470-2299090	
7	大连	0411-95198	
8	沈阳	024-22721753	
9	长春	0431-84601888	
10	哈尔滨	0451-82381717	
11	上海	021-962116	
12	南京	025-9688888	
13	杭州	0571-95198	
14	宁波	0574-89099000	
15	合肥	0551-3549342/3549343	
16	福州	0591-87082323	
17	厦门	0592-5653395	
18	南昌	0791-86307435/86307434	
19	青岛	0532-82955188	
20	郑州	0371-65599515	
21	武汉	027-82768383	
22	长沙	0731-84781358（含制卡）	

续表

序号	分中心	客服热线电话	备注
23	广 州	020-83939000	
24	深 圳	0755-88295198	
25	拱 北	0756-8125566（珠海） 0760-88666561（中山）	
26	汕 头	0754-88179853（含制卡）	13889955604 （联网企业热线）
27	黄 埔	020-82130013	
28	江 门	010-95198	
29	湛 江	0759-3251071	
30	南 宁	0771-5368304/5368324	
31	海 口	0898-66285058	
32	重 庆	023-67709530	
33	成 都	028-85390333	
34	贵 阳	0851-5786091	
35	昆 明	0871-3016523	
36	拉 萨	0891-95198	
37	西 安	029-83196201	
38	兰 州	0931-7705234	
39	西 宁	0971-8866400	
40	银 川	0951-5679148	
41	乌鲁木齐	0991-3627333	

书目介绍

乐贸系列

书名	作者	定价	书号	出版时间

📖 外贸操作实务子系列

书名	作者	定价	书号	出版时间
1. 出口营销实战（第三版）	黄泰山	45.00元	978-7-80165-932-3	2013年1月第3版
2. 外贸实务疑难解惑220例	张浩清	38.00元	978-7-80165-853-1	2012年1月第1版
3. 外贸高手客户成交技巧	毅冰	35.00元	978-7-80165-841-8	2012年1月第1版
4. 外贸纠纷处理实务——案例与技巧	熊志坚	35.00元	978-7-80165-789-3	2011年1月第1版
5. 报检七日通	徐荣才 朱瑾瑜	22.00元	978-7-80165-715-2	2010年8月第1版
6. 实用外贸技巧助你轻松拿订单	王陶（波锅涅）	25.00元	978-7-80165-724-4	2010年4月第1版
7. 外贸业务经理人手册（第2版）	陈文培	39.00元	978-7-80165-671-1	2010年1月第1版
8. 外贸会计实务精要	疏影	28.00元	978-7-80165-633-9	2009年5月第1版
9. 外贸实用工具手册	本书编委会	32.00元	978-7-80165-558-5	2009年1月第1版
10. 外贸实务经验分享33例	沱沱网中文站	28.00元	978-7-80165-560-8	2009年1月第1版
11. 外贸实务案例精华80篇	刘德标 吴珊红	29.80元	978-7-80165-561-5	2009年1月第1版
12. 快乐外贸七讲	朱芷萱	22.00元	978-7-80165-373-4	2009年1月第1版
13. 外贸七日通（最新修订版）	黄海涛（深海鱿鱼）	22.00元	978-7-80165-397-0	2008年8月第3版
14. 金牌外贸业务员找客户——17种方法·案例·评析	陈念祥 张思羽	35.00元	978-7-80165-543-1	2008年8月第2版
15. 出口营销策略（《出口营销实战》升级版）	黄泰山 冯斌	35.00元	978-7-80165-459-5	2008年5月第1版

📖 出口风险管理子系列

书名	作者	定价	书号	出版时间
1. 轻松应对出口法律风险	韩宝庆	39.80元	978-7-80165-822-7	2011年9月第1版
2. 出口风险管理实务（第二版）	冯斌	48.00元	978-7-80165-725-1	2010年4月第2版
3. 50种出口风险防范	王新华 陈丹凤	35.00元	978-7-80165-647-6	2009年8月第1版

📖 外贸单证操作子系列

书名	作者	定价	书号	出版时间
1. 跟单信用证一本通	何源	35.00元	978-7-80165-849-4	2012年1月第1版
2. 信用证审单有问有答280例	李一平 徐珺	37.00元	978-7-80165-761-9	2010年8月第1版
3. 外贸单证经理的成长日记	曹顺祥	38.00元	978-7-80165-716-9	2010年3月第1版

书名	作者	定价	书号	出版时间
4. 外贸单证解惑 280 例	龚玉和 齐朝阳	38.00 元	978-7-80165-638-4	2009 年 7 月第 1 版
5. 信用证 6 小时教程	黄海涛（深海鱿鱼）	25.00 元	978-7-80165-624-7	2009 年 4 月第 2 版
6. 跟单高手教你做跟单	汪 德	32.00 元	978-7-80165-623-0	2009 年 4 月第 1 版

福步外贸高手子系列

书名	作者	定价	书号	出版时间
1. 巧用外贸邮件拿订单	刘裕	45.00 元	978-7-80165-966-8	2013 年 8 月第 1 版
2. 小小开发信 订单滚滚来——外贸开发信写作技巧及实用案例分析	薄如骢	26.00 元	978-7-80165-551-6	2008 年 8 月第 1 版
3. 外贸技巧与邮件实战	刘 云	28.00 元	978-7-80165-536-3	2008 年 7 月第 1 版

国际物流操作子系列

书名	作者	定价	书号	出版时间
1. 货代高手教你做货代——优秀货代笔记（第二版）	何银星	33.00 元	978-7-5175-0003-2	2014 年 2 月第 2 版
2. 国际物流操作风险防范——技巧·案例分析	孙家庆	32.00 元	978-7-80165-577-6	2009 年 4 月第 1 版

通关实务子系列

书名	作者	定价	书号	出版时间
1. 外贸企业轻松应对海关估价	熊 斌 赖 芸 王卫宁	35.00 元	978-7-80165-895-1	2012 年 9 月第 1 版
2. 报关实务一本通（第 2 版）	苏州工业园区海关	35.00 元	978-7-80165-889-0	2012 年 8 月第 2 版
3. 如何通过原产地证尽享关税优惠	南京出入境检验检疫局	50.00 元	978-7-80165-614-8	2009 年 4 月第 3 版
4. 海关进出口商品归类基础与训练	温朝柱	36.00 元	978-7-80165-496-0	2009 年 1 月第 1 版
5. 最新报关单填制实用辅导	盛新阳 彭飞	38.00 元	978-7-80165-497-7	2008 年 10 月第 1 版

彻底搞懂子系列

书名	作者	定价	书号	出版时间
1. 彻底搞懂信用证（第二版）	王腾 曹红波	35.00 元	978-7-80165-840-1	2011 年 11 月第 2 版
2. 彻底搞懂中国自由贸易区优惠	刘德标 祖月	34.00 元	978-7-80165-762-6	2010 年 8 月第 1 版
3. 彻底搞懂贸易术语	陈 岩	33.00 元	978-7-80165-719-0	2010 年 2 月第 1 版
4. 彻底搞懂海运航线	唐丽敏	25.00 元	978-7-80165-644-5	2009 年 7 月第 1 版
5. 彻底搞懂提单	张 敏 赵通	29.80 元	978-7-80165-602-5	2009 年 6 月第 1 版
6. 彻底搞懂关税	孙金彦	29.00 元	978-7-80165-618-6	2009 年 6 月第 1 版

| 书名 | 作者 | 定价 | 书号 | 出版时间 |

📖 外贸英语实战子系列

1. 十天搞定外贸函电　　　　毅　冰　　38.00元　978-7-80165-898-2　2012年10月第1版
2. 外贸高手的口语秘籍　　　李　凤　　35.00元　978-7-80165-838-8　2012年2月第1版
3. 外贸英语函电实战　　　　梁金水　　25.00元　978-7-80165-705-3　2010年1月第1版
4. 外贸英语口语一本通　　　刘新法　　29.00元　978-7-80165-537-0　2008年8月第1版

📖 外贸谈判子系列

1. 外贸英语谈判实战　　　王慧　吴旻　张海军　32.00元　978-7-80165-767-1　2010年9月第1版
　　　　　　　　　　　　蒋晓杰　仲颖
2. 外贸谈判策略与技巧　　赵立民　　26.00元　978-7-80165-645-2　2009年7月第1版

📖 国际商务往来子系列

国际商务礼仪大讲堂　　　　李嘉珊　　26.00元　978-7-80165-640-7　2009年12月第1版

📖 贸易展会子系列

外贸参展全攻略——如何有效
参加B2B贸易商展(第二版)　　钟景松　　33.00元　978-7-80165-779-4　2010年10月第2版

📖 区域市场开发子系列

中东市场开发实战　　　　刘军　沈一强　28.00元　978-7-80165-650-6　2009年9月第1版

📖 国际结算子系列

1. 国际结算函电实务　　　周红军　阎之大　40.00元　978-7-80165-732-9　2010年5月第1版
2. 出口商如何保障安全收汇
　　——L/C、D/P、D/A、O/A　庄乐梅　　85.00元　978-7-80165-491-5　2008年5月第1版
　　精讲

📖 国际贸易金融工具子系列

1. 出口信用保险　　　　　中国出口信用　35.00元　978-7-80165-522-6　2008年5月第1版
　　——操作流程与案例　　保险公司
2. 福费廷　　　　　　　　周红军　　26.00元　978-7-80165-451-9　2008年1月第1版

📖 加工贸易操作子系列

1. 加工贸易实务操作与技巧　熊　斌　　35.00元　978-7-80165-809-8　2011年4月第1版
2. 加工贸易达人速成　　　　陈秋霞　　28.00元　978-7-80165-891-3　2012年7月第1版
　　——操作案例与技巧
3. 加工贸易企业关务作业统筹　熊　斌　　29.80元　978-7-80165-423-6　2009年3月第1版

书名	作者	定价	书号	出版时间

乐税子系列

书名	作者	定价	书号	出版时间
1. 外贸企业出口退（免）税常见错误解析 100 例	周朝勇	49.80 元	978-7-80165-933-0	2013 年 2 月第 1 版
2. 生产企业出口退（免）税常见错误解析 115 例	周朝勇	49.80 元	978-7-80165-901-9	2013 年 1 月第 1 版
3. 外汇核销指南	陈文培等	22.00 元	978-7-80165-824-1	2011 年 8 月第 1 版
4. 外贸企业出口退税操作手册	中国出口退税咨询网	42.00 元	978-7-80165-818-0	2011 年 5 月第 1 版
5. 生产企业免抵退税实务——经验、技巧分享	徐玉树	35.00 元	978-7-80165-780-0	2011 年 1 月第 1 版
6. 生产企业免抵退税从入门到精通	中国出口退税咨询网	98.00 元	978-7-80165-695-7	2010 年 1 月第 1 版
7. 出口涉税会计实务精要（《外贸会计实务精要》第 2 版）	龙博客工作室	32.00 元	978-7-80165-660-5	2009 年 9 月第 2 版

毅冰谈外贸子系列

书名	作者	定价	书号	出版时间
1. 毅冰私房英语书——七天秀出外贸口语	毅 冰	35.00 元	978-7-80165-965-1	2013 年 9 月第 1 版

外贸企业管理子系列

书名	作者	定价	书号	出版时间
小企业做大外贸的四项修炼	胡伟锋	26.00 元	978-7-80165-673-5	2010 年 1 月第 1 版

国际贸易金融子系列

书名	作者	定价	书号	出版时间
1. 国际贸易金融服务全程通（第二版）	郭党怀 张丽君 张贝	43.00 元	978-7-80165-864-7	2012 年 1 月第 2 版
2. 国际结算与贸易融资实务	李华根	42.00 元	978-7-80165-847-0	2011 年 12 月第 1 版

中小企业财会实务操作系列丛书

书名	作者	定价	书号	出版时间
1. 小企业会计疑难解惑 300 例	刘华 刘方周	39.80 元	978-7-80165-845-6	2012 年 1 月第 1 版
2. 做顶尖成本会计应知应会 150 问	张胜	38.00 元	978-7-80165-819-7	2011 年 8 月第 1 版
3. 会计实务操作一本通	吴虹雁	35.00 元	978-7-80165-751-0	2010 年 8 月第 1 版

"关务通"品牌图书

书名	作者	定价	书号	出版时间
关务通·原产地系列				
1.《原产地实务操作与技巧》	"关务通·原地产系列"编委会	70.00元	978-7-80165-981-1	2013年10月第1版
2.《原产地疑难解惑470例》	"关务通·原地产系列"编委会	70.00元	978-7-80165-983-5	2013年10月第1版
3.《如何从原产地淘金》	"关务通·原地产系列"编委会	90.00元	978-7-80165-982-8	2013年10月第1版
关务通·监管通关系列				
1.《便捷通关一本通》	"关务通·监管通关系列"编委会	60.00元	978-7-80165-984-2	2013年10月第1版
2.《快速通关自查手册》	"关务通·监管通关系列"编委会	60.00元	978-7-80165-979-8	2013年10月第1版
3.《进出境物品通关攻略》	"关务通·监管通关系列"编委会	60.00元	978-7-80165-978-1	2013年10月第1版
4.《通关典型案例启示录》	"关务通·监管通关系列"编委会	60.00元	978-7-80165-980-4	2013年10月第1版
关务通·加贸系列				
1.《加工贸易实务操作与技巧》	"关务通·加贸系列"编委会	60.00元	978-7-80165-927-9	2013年3月第1版
2.《海关特殊监管区域和保税监管场所实务操作与技巧》	"关务通·加贸系列"编委会	60.00元	978-7-80165-926-2	2013年3月第1版
3.《加工贸易疑难解惑280例》	"关务通·加贸系列"编委会	60.00元	978-7-80165-928-6	2013年3月第1版
关务通·稽查系列				
《小王在海关稽查的日子——企业如何配合海关稽查》	"关务通·稽查系列"编委会	70.00元	978-7-80165-925-5	2013年3月第1版
关务通·双语系列				
《国际海关新视野》	上海海关	60.00元	978-7-80165-918-7	2012年12月第1版

关务通·电子口岸系列

1. 《电子口岸实用功能》　　　　　　"关务通·电子口岸系列"　32.00 元　978-7-80165-904-0　2012 年 11 月第 1 版
   　　　　　　　　　　　　　　　　编委会
2. 《电子口岸实务操作与技巧　　　　"关务通·电子口岸系列"　55.00 元　978-7-80165-906-4　2012 年 11 月第 1 版
   ——通关篇》　　　　　　　　　　编委会
3. 《电子口岸实务操作与技巧　　　　"关务通·电子口岸系列"　55.00 元　978-7-80165-908-8　2012 年 11 月第 1 版
   ——加贸篇》　　　　　　　　　　编委会
4. 《电子口岸疑难解惑 400 例》　　　"关务通·电子口岸系列"　38.00 元　978-7-80165-910-1　2012 年 11 月第 1 版
   　　　　　　　　　　　　　　　　编委会

关务通·监管通关系列

1. 《监管通关政策实用指导手册》　　"关务通·监管通关系列"　78.00 元　978-7-80165-907-1　2012 年 10 月第 1 版
   　　　　　　　　　　　　　　　　编委会
2. 《通关实务操作与技巧　　　　　　"关务通·监管通关系列"　48.00 元　978-7-80165-909-5　2012 年 10 月第 1 版
   ——货物、运输工具篇》　　　　　编委会
3. 《通关实务操作与技巧　　　　　　"关务通·监管通关系列"　26.00 元　978-7-80165-905-7　2012 年 10 月第 1 版
   ——进出境物品篇》　　　　　　　编委会
4. 《通关疑难解惑 720 例》　　　　　"关务通·监管通关系列"　48.00 元　978-7-80165-903-3　2012 年 10 月第 1 版
   　　　　　　　　　　　　　　　　编委会

待出系列与书目

关务通·加贸系列

1. 《<中华人民共和国审定内销　　　"关务通·加贸系列"　　80.00 元　978-7-5175-0012-4
   保税货物完税价格办法>实
   用指导手册》　　　　　　　　　　编委会
2. 《加工贸易政策实用指导手册》　　"关务通·加贸系列"　　70.00 元　978-7-5175-0013-1
   　　　　　　　　　　　　　　　　编委会
3. 《加工贸易典型案例启示录》　　　"关务通·加贸系列"　　60.00 元　978-7-5175-0014-8
   　　　　　　　　　　　　　　　　编委会

以上图书均可在中国海关出版社网上书店（www.hgcbs.com.cn）、当当网、卓越网、京东网及各地新华书店等处购买。若有其他购书意向，请与本社发行部联系，联系电话：(010)65195616/5127/4221/4238/4246。

若想了解更多书讯，可关注中国海关出版社官方微信平台，微信号：hgbook。